袅袅炊烟在浅山：京郊村落记忆

密云卷

北京联合大学应用文理学院 组织编写
张景秋 主编
叶盛东 著

北京出版集团
北京出版社

图书在版编目（CIP）数据

袅袅炊烟在浅山 ：京郊村落记忆. 密云卷 / 北京联合大学应用文理学院组织编写 ；张景秋主编 ；叶盛东著. —北京 ：北京出版社，2022.9
ISBN 978-7-200-17414-4

Ⅰ. ①袅… Ⅱ. ①北… ②张… ③叶… Ⅲ. ①村落—调查研究—密云区 Ⅳ. ①K921.5

中国版本图书馆CIP数据核字(2022)第168250号

责任编辑：耿苏萌
责任印制：彭军芳

袅袅炊烟在浅山：京郊村落记忆　密云卷
NIAONIAO CHUIYAN ZAI QIANSHAN: JINGJIAO CUNLUO JIYI　MIYUN JUAN
北京联合大学应用文理学院　组织编写
张景秋　主编
叶盛东　著

出　版　北京出版集团
　　　　北 京 出 版 社
地　址　北京北三环中路 6 号
邮　编　100120
网　址　www.bph.com.cn
总发行　北京出版集团
发　行　京版北美（北京）文化艺术传媒有限公司
经　销　新华书店
印　刷　鸿博昊天科技有限公司
版印次　2022 年 9 月第 1 版第 1 次印刷
开　本　787 毫米 ×1092 毫米　1/32
印　张　10.25
字　数　252 千字
书　号　ISBN 978-7-200-17414-4
定　价　88.00 元

如有印装质量问题，由本社负责调换
质量监督电话　010-58572393

编 委 会

序

为全面贯彻党的十九大关于加快生态文明体制改革、建设美丽中国的总体要求，深入贯彻落实习近平总书记视察北京系列重要讲话精神，牢固树立和践行“绿水青山就是金山银山”的发展理念，按照党中央、国务院批复的《北京城市总体规划（2016年—2035年）》（简称《总体规划》）中提出的将浅山区建设成为首都生态文明示范区的总体要求，2021年，《北京市浅山区保护规划（2017年—2035年）》（简称《浅山区规划》）正式颁布，标志着将浅山区建设成为首都环境治理能力展示窗口、特大城市生态文明示范地区、山区居民共享共生美丽家园和千年古都历史文脉传承源地的总体目标进入了新发展阶段。

从地貌地形上来看，北京居于华北平原北端，全市60%以上地区为山区，是首都天然的生态屏障。根据海拔高度的不同，分为浅山区和深山区。根据《浅山区规划》规定，北京市浅山区是以高程系100—300米的浅山本体为基础，主要包括第一道山脚线穿越的平原和浅山交界地区，以及300米等高线穿越的浅山和深山交界地区（不含密云水库以北地区），并将中心城区及新城集中建设区范围予以调出，形成北京市浅山区保护规划范围，共涉及海淀、丰台、石景山、顺义、昌平、房山、门头沟、平谷、怀柔、密云等10个区66个乡镇（街道），总面积约4833平方千米，占市域面积的29.5%。

北京浅山区是首都重要的生态屏障。作为平原与深山的交界地区，山前冲积洪积扇的过渡地带，浅山区区域内水系相对发达，生物种类丰富，是城市发展的生态屏障前缘，是人类与自然共生共存的集中地。所以《浅山区规划》中提出，要围绕浅山区生态保育和生态建设的核心功能，加强生态保育和生态修复，建构山水林田湖草生命共同体，持续提升生态环境规模和质量，促进人与自然和谐共生，践行“绿水青山就是金山银山”的发展理念，实现青山绕城、绿水环山、森林繁茂、良田美景的生态保育与修复总体目标，以确保首都的绿水青山常在，自然生态系统安全稳定。

北京浅山区也是首都功能的重要保障区和延伸区。这里水土地热适宜，人类活动频繁，是乡村生产生活印记鲜明的区域。所以《浅山区规划》中提出，要坚持绿色发展，在发展中保护、在保护中发展，推动生态惠民、生态利民、生态为民，改善城乡人居环境，引导文化旅游、休闲度假、都市型农业、会议会展服务、高科技项目为主的生态友好型产业体系落户浅山区，推动形成绿色高质量发展方式，更好地激发生态涵养区的内生活力。

北京浅山区还是长城文化带和西山永定河文化带的重要空间承载区

和展现区。这里历史悠久，文物古迹众多，是北京多元文化融合发展的见证地。长城文化带和西山永定河文化带在此交汇延展，从早期人类活动遗址、聚落遗址到历史时期形成的宫殿、园囿、庙宇、村落、古道、关隘，在西山、永定河、长城的串联下，塑造成带状的镶嵌在京华大地上的璀璨明珠。所以《浅山区规划》中提出，要保护好、传承好、利用好浅山区的生态文化本底、历史文化资源和文化脉络，形成文化探访路线，讲好浅山故事和北京故事，全方位展示首都文化魅力。

全面落实乡村振兴战略，推进浅山区美丽乡村建设，既是浅山区规划的目标，更是民生所指。村庄是浅山区最广大、最显著的地理单元和行政单元，散布在浅山区的村庄形成了有别于城市的乡村空间，而北京浅山区的乡村在传统与现代的交汇融合中锻造出自己独特的性格。车程1小时，从喧闹到寂静，浅山区承担着接壤首都从高速快捷的中心城市，向质朴悠闲的山区的转折。所以《浅山区规划》中提出，要以生态涵养为根本，延续人与自然有机融合的乡村空间关系，将浅山区建设成为山水美、田园美、村庄美、生活美、人文美的北京美丽乡村示范区。

作为与城市并存的一种地理空间，乡村的生产、生活和生态特质具有一定的共性特征。首先，农业生产是乡村的根本，是形成乡村特性的决定性要素。无论是乡村聚落，还是乡约民俗的形成发展，都是在有利于农业生产的基础上产生、塑造和传承的。其次，慢生活形态是乡村的美学基础。乡村生活与城市生活的区别就在于快与慢。也许乡村的生活计时不完全是以小时为单位，是依农时节气而定，在播种收割中感受着天地日月精华带来的喜悦与满足，那种慢慢生长的岁月静好和生命韧性，是城市生活所不能给予的。

记忆中与晨辉和晚霞呼应的袅袅炊烟，带来的是对以往岁月的怀念，是对未来美好的期待，更是对靠自己努力就会有所收获的自信。从20世纪的自然资源开发型为主导乡村发展模式，逐渐转变为当下符合首都功能需求的生态资源保护与文旅融合发展的新型乡村发展模式，起承转合中留下的和消失的都将定格在人们的记忆中。

“袅袅炊烟在浅山：京郊村落记忆”系列丛书的策划初衷就是希望将这些记忆和变化记录下来。根据《浅山区规划》，丛书选取了位于东北部水源涵养和生态休闲区的密云和平谷，中部首都功能延伸区的怀柔和昌平，西南部历史文化和生态休闲区的门头沟和海淀，以及参照执行的延庆浅山区，通过走访形式，写人写景写事，讲述北京的浅山故事，在故事中展现生动的绿水青山、多元的乡村景观、多彩的文化活动、幸福的乡居生活。

本丛书的作者以北京联合大学应用文理学院的教师为主，以及中央新闻纪录电影制片厂的胡师睿、中国艺术研究院的朱佳博士、北京建筑大学的刘清越硕士。作者的分工分别是：朱佳、吕红梅负责海淀卷，莫常红、胡师睿负责昌平、延庆卷，张景秋、刘清越负责怀柔卷，叶盛东负责密云卷，付晓负责平谷卷，李雪妍负责门头沟卷。

从书从选题到走访再到成书，得到了北京出版集团领导、编辑们的大力支持、指导和帮助，在此表示衷心的感谢！在走访过程中，得到了相关区、部门和百姓的理解、支持与帮助，在此表示衷心感谢！

绿水丰涟漪，青山多绣绮。未来的北京浅山区一定会成为展现大国首都生态文明建设和人与自然和谐发展良好关系的重要窗口。

张景秋

2021 年 3 月

前　言

我是土生土长的北京人。尽管平日住在清华园内，但回望偌大的北京，总能勾起我对北京郊区村落的丝丝乡愁。

密云位于北京市东北部，其独特、优越的地理条件及境内连绵不断的浅山区，犹如一道道绿色生态屏障。200多亩的景观生态林成为首都的绿色长城。早在2008年，密云便被环保部评为全国首批生态文明建设试点地区，2016年，《北京城市总体规划（2016年—2035年）》中，又把密云区划为生态涵养区。近年来，随着密云区生态文明建设的不断推进，当地政府也越来越重视村落保护与弘扬。作为北京戍守边界和对外联系要地，密云区许多村落注重民居与自然乡土结合，形成具有强烈的地域性的“丰富多样的传统文化村落”。如何保护、继承和发扬这些特色，使密云区的传统村落在不断涌入的城市化浪潮冲击中保持自身活力，是社会发展的需求，也是我的心愿。

距今约40万年前，密云就已经有人类活动。十里堡燕落寨雪山文化遗址出土的石器、陶器等实物证实了在6000年前密云便有了人类聚居；战国时期，渔阳古郡名扬天下。千百年来，我们的祖先在长城脚下，在潮白河畔，繁衍生息，利用自然地形，因地制宜地营造出或依山傍水，或聚居平原，或隐藏在大山褶皱里的类型各异的村庄。

密云有数不尽的村落，它们与长城、古道等相互融合，星罗棋布遍及浅山区。这些村落地处上佳的位置，空气清新，是天然绝美境地，被称为“北京东北门户”。

密云境内最早修建的长城为北齐长城，明代大规模重建，全长182千米，横穿11个乡镇57个村庄。密云长城段，属明代蓟镇管辖。明代中叶以后，在军事上划分九镇，作为九镇之一的蓟镇，统率西、中、东三协，每协分四路。石匣作为指挥中心被确定为西协，其所属的四路依次为墙子路、曹家路、古北口及石塘路。它们既是军事要冲，也是先民们的生息之地。在长城沿线形成墙子路、吉家营、遥桥峪、花园、大角峪、柳林营、白马关等古村落。

密云的主要水源为潮河、白河，均发源于河北省，环绕密云东西两侧，潮河与白河在密云西南河漕村东汇流，始称潮白河。潮河、白河是密云的母亲河，燕落、黄土坎、田庄、北穆家峪、羊山、檀营、圣水头、统军庄等村庄，如珍珠般散落在潮河、白河两岸。潮河、白河养育了一方百姓，滋润了一方土地，孕育了一方文明，见证了村庄的沧桑变迁。特别是素有“华北明珠”[1]之称的密云水库，一湖碧水润京华，是首都的生命之水。半个多世纪过去了，那些村庄故园往事挥之不去，清

[1] 密云县文化委员会、密云县旅游局：《密云风景名胜》，2004年。

晰而又模糊地印刻在密云人的记忆深处。

“望得见山，看得见水，记得住乡愁”一语说出了村落氛围。乡愁是什么？乡愁是一种家乡味道，是一种乡土情结，是一种精神与文化的依托。在撰写本书的过程中，时时会勾起我或淡或浓的乡愁，那些村落的一草一木、一砖一瓦，留存于我的灵魂深处，让我魂牵梦萦。

村落包括自然村落、自然村、村庄区域，其作为人口集中分布的区域，规模有大有小，居住密度有高有低。它在人类居住生活发展过程中扮演着重要角色，并且还保留着自己的一些传统特色，形成不可忽视的力量。

村落是在长期的农耕文明传承过程中逐步形成的，是农民生产、生活的场所与家园。它拥有较丰富的文化与自然资源，承载着乡土肌理记忆，具有一定的历史、文化价值。

每一座古村落都是一部活的历史，每一处院落都储存着鲜活的记忆。可以说，村落是村民们精神家园的寄托，是家族的灵魂所在，是扎在当地最深的根，是不可再生的文化遗产，是发展乡村旅游、创新农村发展道路的基础。

密云区下辖2个街道，17个镇，1个乡，300多个行政村。我在撰写本书过程中经过深思熟虑，考虑到自然环境、传统风貌、历史文化、生产结构等因素，主要撰写了有代表性的冯家峪村、遥桥峪村、蔡家洼村、司马台村、石城村等村落，是因为它们各具特色，可以从侧面反映出密云浅山区的乡土村落历史、文化及景观。

经调查发现，随着中国城市化进程的不断推进，许多村落，特别是传统村落，近些年来，在新农村建设的影响下，受到前所未有的冲击，传统村落留存下来的越来越少。作为传统文化的重要物质载体——村落，现在的处境十分窘迫。尤其是近年来，一些地方政府为了发展经济，拆旧房，建高楼，对村落传统文化与景观的传承与保护意识越来越淡薄，过分追求工业、旅游业带来的经济效益，使得许多地区特有的传统村落逐渐消失，取而代之的是与城市景观越发相似的楼房林立的街道，失去了传统村落特有的乡土文化风貌。

我边写作边思考，希望自己的一些感悟能为未来新农村建设提供一些借鉴。我认为，在新农村建设中，许多村落既要坚持保护与开发并重，又要找准村落保护定位，特别是新农村建设与文化的契合点，要体现出历史文化和浓郁的民俗特色，这是因为历史文化是“血脉”，理应薪火相传。

随着近年城镇化步伐的加快，一些村落实现华丽转身，一座座高楼在村落原址上拔地而起，附着在村落房屋上一砖一瓦的历史文化密码，也将随着时间的推移而逐渐消失。据中国文联副主席、中国民间文艺家协会主席冯骥才说：“自2000年至2010年，我国自然村由363万个锐减至271万个，10年间减少了90多万个，平均每天消失80到100个，其中包含大量村落。再过若干年，后人们若想了解村落的历史，只能寻找健在的人，从残缺不全的记忆里，搜寻和勾勒村落的概貌。”[1]

当得知北京联合大学与北京出版集团合作出版“浅山”系列丛书，我喜出望外，特别选择了撰写密云村落这一部分内容。因为我钟爱它，感情至深，蹉跎岁月，历历在目，永远留存于脑海之中。

20世纪80年代初，那时北京大学地理系陈传康教授主持密云县旅游总体规划，作为当时北京大学分校（北京联合大学应用文理学院的前身）的一名成员，我有幸参加了此项目。记得当时密云县旅游总体规划定位就是山水大观，生态旅游。其间，我和规划团队一起多次调研考察密云县，特别是浅山区一些旅游资源，包括自然资源和人文资源。

20世纪90年代，我又跟着北京师范大学地理系卢云亭教授，以及北京旅游集团所属的北京旅游开发公司等多家单位，先后做过很多密云县的旅游规划项目，诸如密云县旅游总体规划、密云水库库北区乡镇总体规划及移民总体规划、密云桃源仙谷旅游总体规划、沙厂水库（金鼎湖）旅游总体规划、北京市密云县北庄镇旅游总体规划、蔡家洼旅游总体规划等。

2006年，我有幸接触到清华大学建筑设计研究院叶茂煦教授带领的清华团队给密云区石城子做“北京市密云县新农村住宅方案设计”的学习机会。通过交流，对如何保护好传统村落，特别是结合实际情况规划设计好村落与民居，我收获颇多，既开阔了眼界，又增长了见识，还学

[1] 政协密云区学习与文史委员会：《密云文史稿　传统村落专辑》（第38期），2017年。

到了知识。

自20世纪80年代至今，一晃已经40多年了。早在10多年前，我就想结合密云村落写点儿东西。特别是当每个项目结束，总想把自己对村落的记忆撰写成文。这种回忆性的叙事着实让我费尽心思，断断续续，始终未曾下笔。

我早期的工作经历包括后来所从事的教学科研，始终都与密云，特别是密云的浅山区村落息息相关，特别是将摄影之乐寄情于拍摄地理形胜——既行走于自然山林河谷之间，又游历于人文村落民宅之中。这种纵情，已不是对密云浅山村落单纯摄影"玩票"或把自己作为村落民居寻踪"达人"，而是把它当作自己痴迷的一种文化事业，并且是发自内心地热爱。

我阅读了大量前人撰写的有关密云区及其村落的各种文献资料，这些文献研究大多以历史、文化、民俗等角度为切入点，研究密云村落的来龙去脉、发展脉络、史料佐证等方面，充分体现出专著的学术性，史料丰富扎实，内容新意迭出，文采斐然，而且能引发历史的遐想，使人获得历史文化知识，对我的撰写有很大帮助。

同时，我在撰写过程中，曾经受到一些专家的指点与肯定。现在呈现在读者面前的这本书，具有显著的特点。

第一，本书较为详细地记述了密云村落的历史沿革、乡土景观概貌及其民俗文化沿革。

第二，浅山区村落不仅有一般民居建筑的游赏价值和摄影价值，还有独特的历史文化价值。其因是，密云地区历史悠久、自古为军事要地，有着深厚的文化积淀，多民族聚居留下了独具特色的村落民居、民俗文化、生活方式、宗教信仰等。而村落和民居作为重要的文化载体，对此进行研究有助于探究密云地区地域特色传统文化。

第三，我在写作过程中，不但借鉴、采纳了一些新的研究成果，而且多次亲临实地踏勘，进行调查研究，向一些学者、村民等请教求证，并埋头于图书馆，查阅文献资料。

第四，充分使用现代摄影技术，呈现浅山区村落的真实风貌。为了拍摄出最佳效果，我专门拟定了适合自己的一套拍摄方法，比如在拍摄一些古建筑、长城等主题过程中，很难找到合适的地方落脚，以至采取马步、半蹲、躺地、靠墙等多种拍摄姿态取景，使被摄主题表达出最佳画面。本书选用的一些绘画速写与照片，都是我多年累积的作品，一些钢笔速写是根据当时留下的旧稿重新绘制的。

在本书编写过程中，我不辞辛苦，故地重游，特别是到所撰写的一些村落进行实地调研和拍摄，得到了一些村民、村干部的帮助，给我留下了深刻印象。

本书是一本主要介绍密云浅山区村落，诸如建筑、民居、历史、宗教、军事、民俗等多领域的书籍，旨在挖掘和整理一些我熟悉的村落历史文化，展示村落乡土魅力，传承村落历史文脉，让村落得到更好的保护与发展。它对于从事历史文化、地理、城市规划与设计、建筑历史、风景民居领域研究的工作人员，以及广大的摄影爱好者，都有一定的适用性。它既可用作教学实践用书，也可以作为村落及古民居保护方面的参考用书。

村落研究，特别是密云浅山区村落研究，是一项综合领域研究，涉及专业比较广泛，还有许多问题需要在具体工作实践中探索解决。另外，浅山区村落及其周围的民居建筑，不过几百年的历史。但由于种种历史原因，遗存资料相对较少，对一些民居建筑的准确位置和范围，对详细的沿革和传承，对一些村落及民居景观的具体情况，并未做出准确的判断，包括涉及定性与定量方面的研究。因而会产生一些看法上的分歧，有一些不同观点的讨论和争论，这都是很正常的。另外，囿于个人学术水平、时间、精力的限制，书中必然存在很多谬误、缺点或疏漏之处，敬请学界和广大读者批评指正。

本书的撰写得到一些前辈学者和年轻同行相关论著的启发和指引，具体书目已经列入参考文献。同时，在写作过程中得到父辈清华大学建筑设计研究院叶茂煦教授在村落、住宅与民居方面的指点，在此深深地感激长辈的关爱之情。

此书献给所有喜爱本书的人们。

叶盛东

2020 年 9 月 10 日于清华园

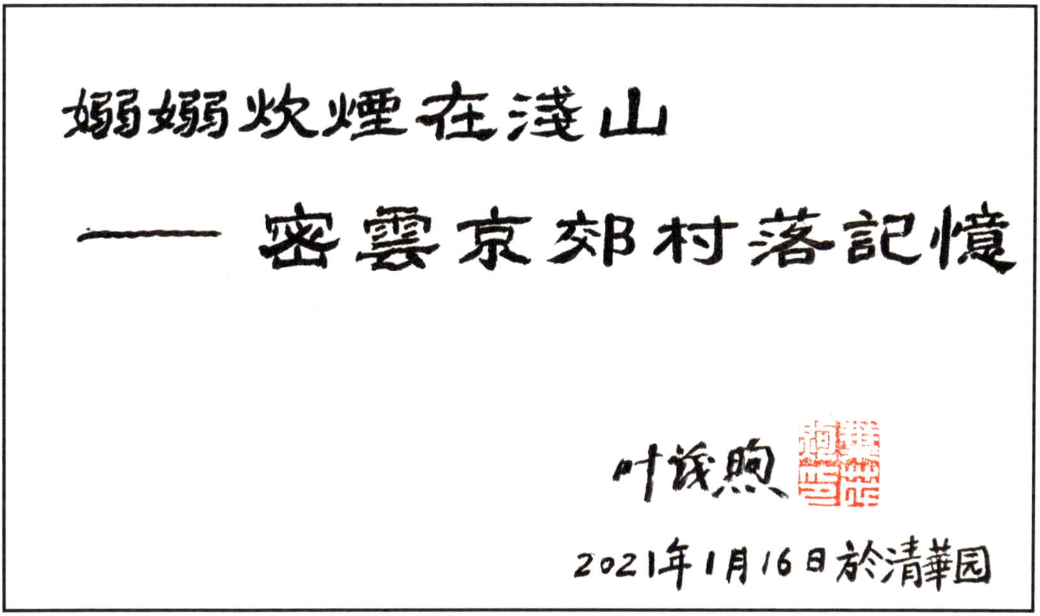

清华大学建筑设计研究院叶茂煦教授为本书题字《袅袅炊烟在浅山——密云京郊村落记忆》

我认识，

密云，从这里开始……

忆往昔，历史悠久，文化丰厚。

古有共工城的文明星火，

山上长城舞龙相依，山下戍边村落，河水护田绿树绕，排排村落袅袅炊烟。

正所谓“山重水复疑无路，柳暗花明又一村”。

数千年来，长城关隘与御道共谱华章。

看今朝，作为都城重要的水源地和生态涵养区，

新时代赋予密云崭新功能，

拥有着实现生态振兴与绿色发展的广阔前景，

“绿水青山就是金山银山”，

一个充满活力的密云蒸蒸日上。

往昔令人赞叹，今昔更令人瞩目，

密云村落的明天更加美好。

——叶盛东

目　录

01 袅袅炊烟，村落开篇

一

村落成因，述说缘由

（一）负阴抱阳，拥山融水

我望得见山，也看得见水，而且还能看见密云村落的一切。我就是这样，目光始终没有离开，只是因为我不想离开那山、那水，以及那些村落。

密云，那些真实、鲜活的印记一直留在我的脑海里，深深地触动着我的心弦，让我眷恋回味着曾经的经历。这些深藏于密云浅山的宁静村落，记录着历史、时代的沧桑变迁。今天，仍有许多村落在浅山地带零散分布。它们用朴实而亲切的元素，浓缩而精湛的文化，刻画着历史脉络，交织着原真乡愁，以千百年的恒久沉淀勾勒出密云浅山村落的文脉轮廓。村落，藏着数不清的物质与非物质文化遗产和美丽传说，先民的农耕生活和戍边保家，与周围生态环境“天人合一”，完美融合。

密云的村落大都集中于平原及浅山丘陵等地带，这其中以浅山村落最具特色，因为它们大都与地理、社会、军事、农业等要素紧密联系，并保留有许多历史、文化遗迹。这些村落展现了密云风采，充满着民俗生活氛围和乡土气息。

20世纪80年代中期，我初到密云县，感悟颇深，“望山、见水、瞧林、看村”，远处群山环绕，近处乡舍炊烟，正所谓“京东明珠数密云，美景一半尽满山，一城绿色半是水”。

空中俯瞰密云及密云水库

空中俯瞰密云中低山——山舞银蛇

密云地区山多水多。“三山（冶山、黍谷山、云蒙山）环抱密云城，两河穿城中间过，形成了密云县城山屏水绕的天然地理构架和独有的景观特色。”[1]

20世纪80年代中期，我初来密云县时正赶上秋高气爽的好天气，气候宜人，秋意渲染，秋天也演绎着别样的精彩。我在村落里四处游走，感受着浓郁的乡土气息。

我坐在村宅里，揣摩每间民宅的建筑文化，总能听到那带有密云口音的传奇故事。我回味着每段回忆，与那些遗失已久的文化、乡愁邂逅。当我面对那些砖石房院、石桌石凳、石碾石磨、石街石巷、石桥石栏，以及长城砖石墙、砖石楼时，不禁感慨，这是一部用砖石书写的村落史诗，也是用砖石抒写的属于它们自身的故事与传奇。

我喜欢拍摄村落，因为这些照片能带给我美好回忆。我望着村落的沧桑，吃着农家美味的乡土家肴，住着普通的砖瓦民宅（早期都住在招待所），浓浓的乡情，让我留恋。在密云，的确可以望得见山水，记得住乡愁……

密云山水，可谓在密云大地上精致地“绣”出一段清秀亮丽的山水美景。以至我在撰写过程中，眼前总是浮现出山区袅袅炊烟——重峦叠嶂的乡土地域氛围。

“密云地处华北平原与蒙古高原过渡地带，由于受地质构造的影响，山脉西东走向为主，而西部和东部边界山脉则为东北至西南走向。山地外形呈断块状，少有绵长的连脉。”[2]

---

[1] 郑建苹、张妍：《打造特色密云县实践科学发展观》，《中国建设报》，2008年10月27日第5版。

[2] 密云县志编纂委员会：《密云县志》，北京出版社，1998年。

密云区内山脉属燕山山脉，东部与西北部属中低山区；中部为断陷燕落盆地，现如今为密云水库；密云水库四周及东南部为低山和丘陵；山麓线平直，西南部为山前冲洪积倾斜平原。由此可以看出，其地势形成一个“三面群山环绕、中部低缓、西南开口的簸箕形”[1]。

当然，我试图先从资料文献里，探究其科普含义，准确理解“袅袅炊烟在浅山”的基本地理特征之真谛。

袅袅炊烟在浅山，那就先从浅山（及浅山区）说起吧。为了搞清其含义，我查阅了有关文献资料，但浅山（及浅山区）还没有公认准确定义或者统一的划定范畴，英语中常用“Shallow Mountain Zone”来解释，查阅了一些资料文献，也都仅限于对山区解释而已。我便从文献资料里，温故而知新，重温了“袅袅炊烟在浅山”的基础地貌知识。

早在20世纪50年代，一些学者就提出过“浅山（及浅山区）”的概念，他们以坡度、海拔、降雨量、年均气温和年蒸发量等限定因素来定义其概念与范围，但受地区差异性影响，其内涵不尽相同。在《北京市山区协调发展总体规划（2006—2020年）》中提出了“浅山区”的理念：“受平原中心城与新城的辐射强，规划城镇化水平相对较高、发展速度较快。”《北京市浅山区保护规划（2017年—2035年）》指出：“以北京高程系100—300米的浅山本体为基础，主要包括第一道山脚线穿越的平原和浅山交界地区，以及300米等高线穿越的浅山和深山交界地区（不含密云水库以北地区），并将中心城区及新城集中建设区范围予以调出，形成北京市浅山区保护规划范围，共涉及海淀、丰台、石景山、顺义、昌平、房山、门头沟、平谷、怀柔、密云等10个区、66个乡镇（街道），总面积约4833平

[1] 密云县志编纂委员会：《密云县志》，北京出版社，1998年。

密云浅山区地貌

方公里，占市域面积的29.5%。”

我在实地调研中，经常涉足密云浅山地带，它们通常为山地与平原过渡地带，其独特的地貌或地景特征主要表现为：（1）地貌类型多样，诸如丘陵、低山、中山及山麓地带；（2）大部分属于水资源涵养地；（3）留存有大量历史文化遗迹，乡土气息浓厚。

丘陵是高低起伏、坡度较缓、连绵不断的低矮山丘。其“绝对高度在500米以内，相对高度不超过200米”[1]。密云“水库四周及东南部为低山和丘陵”[2]。密云浅山区大都属于浅丘，即它是介于丘陵与平原之间的过渡地貌类

[1] 《地理学词典》编辑委员会：《地理学词典》，上海辞书出版社，1983年。
[2] 密云县志编纂委员会：《密云县志》，北京出版社，1998年。

密云连绵不断的低矮山丘

型，划入丘陵范畴，坡度多在15度以下，或呈波状起伏，或呈岗丘形态。

低山是绝对高度为500—1000米的山地，其中相对高度为200—500米的为浅切割低山。[1]密云“东部与西北部属中低山区”[2]。这些低山阴坡通常比较陡峭，阳坡一般比较圆滑，常为缓坡，并且由山麓堆积物发展而成。另外，密云起伏多样的丘陵地貌，与低山景观很难区分，以至于人们常把这些丘陵称为低山，我在考察中经常攀爬的实际上就是一座丘陵而已。

中山“绝对高度在1000米至3500米，其中相对高度大于1000米的为深切割中山，500米至1000米为中切割中山，200米至500米为浅切割中

[1] 《地理学词典》编辑委员会：《地理学词典》，上海辞书出版社，1983年。
[2] 密云县志编纂委员会：《密云县志》，北京出版社，1998年。

山”[1]。与地势起伏相对缓和的低山不同，中山的海拔高度相对较高，而且相对高度较大，山势相对陡峭。“密云县部分梧桐树沟顶海拔高度仍有1735米，为密云县最高点。西侧云蒙山海拔1414米，西北部大洼尖海拔1255米。东部、东南部、西部、北部为中低山区。”[2]

山麓通常为“山的最下部，下接平原或谷地，有明显的转折”[3]。这个地形转折常常是一个过渡的地带，是山坡与周围平地相接的部分。密云“山麓线平直，山地与平原分界线明显，没有过渡地带”。[4]

密云区许多浅山村落成因于独特的自然环境，即源于低山、丘陵和山麓平原地区，其地形、地貌及气候差异明显，并且具有丰富的河流水系资源，从而衍生出多种类型的村落空间形态。《北京市浅山区保护规划（2017年—2035年）》指出，密云浅山区要“深入挖掘城镇及村庄特色，重点围绕都市型现代农业、健康养生、时尚体育休闲、旅游休闲等功能，加强易地搬迁后续扶持，多渠道促进就业创业，建设绿色发展引领的生态型城镇和美丽乡村”。

密云浅山区在自然环境上，属于生态保护地带，即浅山是山地生态系统与平原生态系统相互交错的区域，是山岳与平原之间重要的生态缓冲区，也是山前平原最重要的水源涵养地和地下水回补区；在人文环境上，属于人类活动集中地带，留下了丰富多样的历史与文化资源。现如今，这里已成为休闲观光农业与乡村旅游的胜地，也成为让人们“记住乡愁”的美丽浅山乡村典范地。

[1] 《地理学词典》编辑委员会：《地理学词典》，上海辞书出版社，1983年。
[2] 密云县志编纂委员会：《密云县志》，北京出版社，1998年。
[3] 同[1]。
[4] 同[2]。

密云西北部属低山地貌景观

密云程各庄村中山地貌景观

密云河下村

密云河下村局部

密云浅山区村落具有特殊的人居自然与人文环境。

首先，密云浅山村落具有独特的地理要素，符合传统“堪舆”，或者“相地”之理念，这种乡土气息与景观是构成村落最主要的自然要素之一。《荀子·强国》记载，其孙卿子对秦地秦川所作评述中称为：“其固塞险，形势便，山林川谷美，天材之利多，是形胜也。”这是“形胜”一词出现在我国有关著作中的最早出处。从字面意义讲，“形”在清代《说文解字注》中讲，“象也，……在天成象，在地成形”[1]。而“胜”在《新华字典》中释为“优美”[2]。“形胜”在《辞源》中被释为“地势优越便利，风景优美”[3]。可见，“形胜”本义除了地理概念之外，景观也是其中的重要元素。张颖等人在《风景园林的形胜释义与辨析》一文中提到《川康形胜图》，总结了“形胜，典称地形优势，遂成美地”[4]。含义是山川壮丽。另外，“形胜”作为传统选址“负阴抱阳”思想的潜移默化，也深深地影响着村落营建拥山融水，其效果十分显著。当然，这些村落除了与“形胜”的地理要素，诸如浅山区（低山、丘陵和山麓）有关外，还与当地的经济、宗教等因素密切相关，从而呈现出独特的规划格局，即规制严格，建筑功能与配套设施系统较为完善，艺术风格多元化与包容性较大，且非物质文化遗产异常丰富等的整体特征。

其次，密云浅山村落的地域特征，是与其他地域村落差异的最大不同点。陈芊宇认为，“自先秦以来，从军事防卫需要出发是其重要的因素之一。军事防御是古代城市的一项重要职能”[5]。《史记·高祖本纪》记载

[1] [清]段玉裁：《说文解字注》，卷九。
[2] 《新华字典（第十版）》，商务印书馆，2004年。
[3] 《辞源（第三版）》，商务印书馆，2015年。
[4] 张颖等：《风景园林的形胜释义与辨析》，《中国园林》，2018年S1期。
[5] 陈芊宇：《形胜与地景、景观的关系》，《四川建筑》，2007年第5期。

为，“秦，形胜之国……地势便利，其以下兵于诸侯，譬犹居高屋之上建瓴水也”[1]。基本解释了《荀子·强国》中的话，显然“固塞险，形势便”即属防御重要因素。长城戍边村落的独特性，即把村落与长城戍边防御紧密相连。由此可知，在特殊的自然地理环境风貌中所构筑的戍边长城，其防御体系职能与历史地位赋予密云浅山区村落许多人文特色，由此营造出戍边保国的村落家园。

总之，密云浅山村落历史悠久，是人文与自然要素有机结合的典范。这些村落营造，充分考虑了冬暖夏凉，不破坏生态，不占用良田，就地取材，经济合理，朴实宜居。它们依地形而营造，使村落生根于大地浅山之中，充满着乡土气息，体现了返璞归真、敦厚朴实的多重特征。

袅袅炊烟在浅山，实际上说的就是与村落生产生活密切相关的多元文化，既有人文要素（农耕、建筑、宗教、军事等多元文化），又有与自然要素有关的山水要素，是根植于大地的乡土文化，就好像是大自然的一部分，是生态文明的延续。

我近年来在国外考察学习中，发现许多国家都有自己特色的村落与民宅。若用中国传统文化来解释美国建筑师莱特（F. L.Wright）的建筑思想，最合适的词莫过于“道法自然”。依照大自然所启示的道理行事，让自然要素有机体现于每一座建筑之中，而人实际上成为自然的一分子。

密云浅山村落具有负阴抱阳的营造特征，所谓负阴抱阳，就是择地。村落选址背后往往有高大山体，左右有低矮丘岗或台地，即为左辅右弼山，并且植被茂盛；村落前面有水面、池塘或弯曲的水系；水系对面有一座对景的小山。从整体上看，村落格局大多为坐北朝南，正好处于山水环

[1] [汉]司马迁：《史记（简体字本）》，中州古籍出版社，1994年。

抱的中央，并且地势平坦。

元代王祯《农书》（卷二十）指出，负阴抱阳大多为“其民间蚕室，必选置蚕宅，负阴抱阳，地位平爽”。正是基于此，古人常常采用“负阴抱阳，背山面水”来选择宅、村、城镇基址的基本原则和格局，即背山面水是村落与民居营造最基本的原则。山体是大地的骨架，也是人们生活资源的天然库府，水域是万物生机之源泉。

密云区气候半湿润半干旱，四季分明，冬季寒冷，昼夜温差大，但从全年综合来看，密云区较适宜人们居住。虽然密云浅山区居住人口不多，村落营造空间尺度和密度不大，但它们相对布局较为集中，村道格局较为狭窄，活动空间通常不大。相对于平原地区，浅山区降水大都集中于夏季，加之冬季有雨雪，气温寒冷，村落与民居营建尽可能地考虑朝向、保暖等问题，主要涉及4个方面的问题：（1）民居院落布局采用四合院形制，具有典型北方的传统封闭围合特色；（2）民居建筑营造注重采光、通风和保暖，通常建筑坐北朝南，门窗朝南，北墙很少开窗户；（3）建筑选址注重地势高差的变化区域，即通常选择在台地上，以便能够获得充足的阳光；（4）建筑墙体大都为一块半砖墙，充分考虑建筑的保暖性。

密云浅山区村落格局基本特征体现在两个方面：一是一些村落格局拥山或依山，顺应周边的山势延伸发展而建。村落营造充分注意山区地理环境，结合用地条件和自然要素，并选择三面环山（拥山怀抱格局）、一面临水建设，或选择一面背靠山。另外，也有一些村落建在平缓地带、交通要塞及长城关隘，它们大都根据村落规模大小考虑山体走势特征，有的采取垂直等高线的方向呈线形，有的呈树枝状或网状向外延伸。二是一些村落紧邻河流水系，顺势而为，沿河营建。河流地貌对浅山村落选址有重要影响。通常这些村落基址大都建在地势较为平整、土地较为肥沃、水资源

密云长城映影山花中

丰富、交通便利的河流的中下游地带。

正如《北京市浅山区保护规划（2017年—2035年）》中指出的，浅山区“延续人与自然有机融合的乡村空间关系，将浅山区乡村建成生态环境自然化、人居环境品质化、村庄风貌特色化的北方山地乡居典范，成为山水美、田园美、村庄美、生活美、人文美的北京美丽乡村示范区”。

密云浅山村落通常具有“融山水、村舍及田野必要营造为一体”，“后有靠山、前带流水、侧有护山、远有秀峰、住基宽坦、水口紧锁”[1]等特征，即符合村落“负阴抱阳、枕山面水、坐北朝南、土层深

[1] 刘沛林、刘春腊：《北京山区沟域经济典型模式及其对山区古村落保护的启示》，《经济地理》，2010年第12期。

厚、植被茂盛”等选址的基本要求。这其中就有石城村，它很有代表性。这里远离都市的喧嚣与浮躁，人们在浅山森林中感受静谧，在山间田野劳作生活，世世代代繁衍生息，享受大自然的馈赠，感受蓝天白云的平和美好。

石城村为密云区石城镇镇政府所在地，是密云区开发西线旅游的中心地段，距密云城区25千米，距离北京市区80千米。这里东邻密云水库，西倚云蒙山。村落内有桃源仙谷自然风景区和九道湾自然风景区，它们共同构成了石城村的旅游支柱产业。

石城村三面环山，一面临水，属于负阴抱阳、拥山融水的地理环境。重峦叠嶂，沟壑藏幽，北面阴坡有人工种植防护林及各种果树林等，南面阳坡为低矮灌丛，在山脊上还残存有北齐时代的古长城遗址；一面临水，

密云山水美

为密云水库的白河上游，属于一级引用水源区，常年清澈透底。另外，村中还有一条山间小溪，它是从海拔1400多米的云蒙山流下来的，并穿村而过。其一年四季水温较低，水源充足。良好的地理环境，使这里成为游客避暑、戏水、垂钓的最佳场所。

密云浅山村落属于传统民居环境，是人们长期固守于此营建出来的家园。这些村落通常为规模较小的民居点，并散落分布于浅山区，与当地地貌有机融合，充满着乡土氛围。另外，它们受地形影响，各自相对封闭性强，发展变化较为缓慢，因此都具有一定历史和传统风格，留存下许多地方文化肌理、脉络。

对于村落乡土脉络的理解，多数学者曾从不同历史层面和时间范畴解

密云秋色山间田野

读了村落理念，如古村落、历史村落、乡土村落、传统村落等。丁怀堂认为：“古村落不但要有较悠久的历史，而且还需有丰富的历史文化遗存（物质的和非物质的），并且保留完整，地域特征鲜明，即能够真实、完整地展示所在区域的历史、文化及地域信息。”冯骥才明确指出：“古村落不但要有自成体系的物质遗产，即建筑实体，还需存在一系列与其生成环境相融合的规划、街区、空间设计，并附属设施配置齐全，以此展现丰厚的历史文化内涵。”

密云浅山村落有着特殊乡土脉络，很大程度上受当地社会经济、生产关系与生活方式的影响，它们都是村落居民在漫长的日积月累劳作生活过程中创造出来的物质和精神文明的总和，反映了当地居民积聚自己特有的

密云负阴抱阳、枕山面水的浅山村落

冬季密云桃源仙谷自然风景区

人文气息。当然，村落家园的乡土脉络与浅山地带，特别是低山、丘陵等自然环境也有着紧密的联系。

村落通常为“乡村、墟落、村庄”。根据《辞海》的解释：“村庄。《三国志·魏书十六·郑浑传》：‘入魏郡界，村落整齐如一。’”[1]

村落是乡人聚集居住的地方，即人们聚居的一个空间规模单位，有别于邑和都，它既是人们进行各种基层社会活动的中心，也是人类物质文明的基础载体，是人类与自然环境发生联系最直接、最密切的时空单元和系统。通常大的村落可以包括多个村民小组或者一个或多个村（行政村）。

[1] 辞海编辑委员会：《辞海（第六版缩印本）》，上海辞书出版社，2010年。

密云云蒙山绿影山色

梨花满枝头

山桃花

与自然村落意义相近的说法还有村庄，但我认为，村庄大都地处平原，而山区居住地往往称为“村落”。

这里需要补充说明一点，村落与聚落还是有所区别的，“聚”根据《辞海》的解释：“村落。《史记·五帝本纪》：‘一年而所居成聚。’”[1]由此看出，聚落为人类种族常年不动产居住群的聚居地的总称，即一切居民点。其含义更加宽泛，即为人类聚居和生活的场所，它不一定在农村，可能为城市聚落和乡村聚落。

浅山区村落（自然村）一般都在密云北部、西部山区，以及丘陵地带。民宅依山势或地形集中或分散营造的居住建筑群，构成了自然村落。这里能看见绿色山野、虎皮土墙，也能听见农田山歌、蛙声蝉鸣。密云村民在此世代栖居，过着幽静的田园生活。这种农耕文明的恬美情境至今保留在山清水秀、文化灿烂的密云浅山区，是祖先留给我们的一笔丰厚的物质与精神遗产。

浅山区村落大都根据农田或地物，分为集中与分散两种形式：一是集中式村落。通常村落营造于地势平坦地带或集中布置在山坡阳面，房屋建筑和院落相互集聚在一起，村中街道、民宅排列规整、紧凑。另有广场（场院）、庙宇、戏台等形成村落的中心，每家耕地分布于村落的各处。集中式村落以戍边村寨为主，其规模相差较大，从数千人口的大村到几十人的小村。二是分散式村落。房屋建筑和院落受浅山区复杂地形影响，布局分散，相互距离较远，村中街道大都为自由式，每家耕地分布于房舍的周围。最典型的分散村子是一家一户的独立农舍，即被称为“单丁独户之家”。

[1] 辞海编辑委员会：《辞海（第六版缩印本）》，上海辞书出版社，2010年。另[汉]司马迁：《史记（简体字本）》，中州古籍出版社，1994年。

密云农家院落

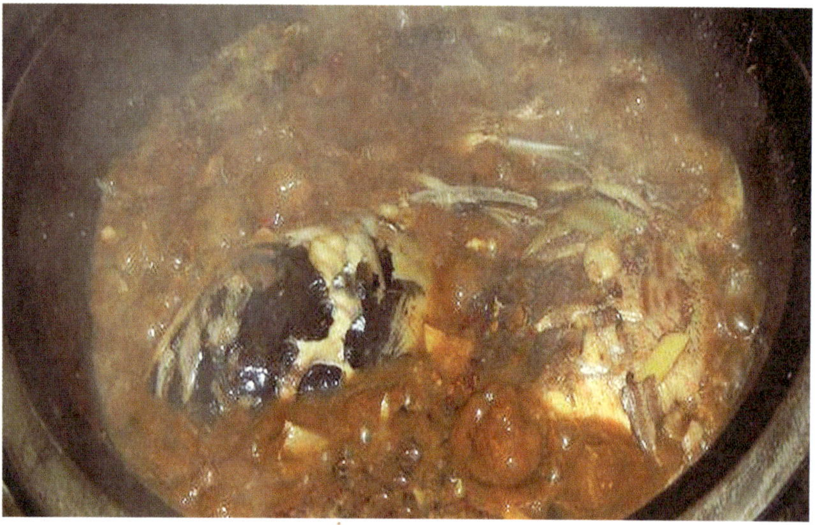

垮炖鱼

密云浅山区吉家营村落

密云吉家营戍边村落

统计资料显示：2020年5月，密云区辖2个街道，即鼓楼街道、果园街道；17个镇，即密云镇、十里堡镇、河南寨镇、溪翁庄镇、穆家峪镇、巨各庄镇、西田各庄镇、大城子镇、石城镇、太师屯镇、北庄镇、高岭镇、不老屯镇、古北口镇、冯家峪镇、东邵渠镇、新城子镇；1个檀营满族蒙古族乡。本书选取了密云区65个社区334个村中的30个有代表性的村落。

村镇及村落一览表

地形地貌	乡镇名称	本书选取主要村落名称
中、低山	新城子镇	新城子、吉家营村、曹家路村、遥桥峪村、花园村、小口村
	古北口镇	潮关村、古北口村、河西村、司马台
	高岭镇	高岭屯、田庄
	不老屯镇	黄土坎、不老屯、史庄子
	冯家峪镇	冯家峪村、白马关村、下营村、番字牌村
	石城镇	石城村、黄峪口村
丘陵	太师屯镇	令公村、太师屯村
	穆家峪镇	上峪村、羊山村
	巨各庄镇	巨各庄村、蔡家洼村
	东邵渠镇	西邵渠村、银冶岭
	檀营满族蒙古族乡	檀营

作为一个人居环境，村落既留存了乡土建筑的空间格局，也与文化、经济等社会因素相互依存、相互联系，并形成村落特有的乡土氛围和文化气息。

密云太师屯村

（二）村落肌理，相地合宜

密云村落因其所处的地理位置，特别是与浅山地带地物要素相融，造就了独特的自然与人文肌理。当然，这些村落肌理是当地村民生产、生活的综合性成果，是人们与自然相互依存的地表痕迹，最能反映出浅山地区的文化特征。

1. 地理特征

基于村落整体地貌、植被、农田等多元视角，书中涉及除密云水库以外的大部分地区村落。中低山区，主要位于密云西北部和东北部；丘陵区，主要位于密云水库北部、东部、南部；平原区，主要位于密云水库西南部。

（1）地貌。在许多关于浅山村落的文章描述中，村落景致常以地貌为背景，处处山野相傍相依，自然环境良好。地貌塑造出浅山村落“沿山建村，顺坡造宅”，与村舍景观呈现出变化多样的共性特征。另外，浅山地带的山田林间道路狭窄、曲折有致。多数农田为梯田形式，其周围沟壑纵横，且地形错综起伏。

（2）水系。依山傍水是村落的理想模式，因水是生命之源。浅山区“流域内大大小小的水体，构成脉络相通的系统”[1]。密云浅山区水的形式多样，包括溪、池、涧、泉、河等，水边景色优美，植物丰富，也是人们生活的重要场所。人们在水边（水中）可以开展的活动主要有垂钓、洗衣、休憩等。

（3）植物。20世纪80年代，我曾经参与了国家“七五”重点攻关项目“三北防护林遥感综合调查——华北石质山调研”工作野外考察，特别在北京密云期间，被这些丰富而多样的自然植物景观所吸引。密云石质山地区“海拔800米以上的中山区，阴坡有一定面积的次生落叶阔叶林，以桦、栎、山杨、椴、槭等为主。林下生长着榛、胡枝子、羊胡子草等灌草丛。……阳坡以落叶灌丛为主，其间散生着松、柏、槲等，仍保留有小片侧柏林”[2]。

低山阳坡主要有荆条、山杏、酸枣等灌草丛，散生着榛、榆等乔木；阴坡以绣线菊、蚂蚱腿子等中生落叶灌木组成的杂灌丛为主，部分地区是以栎树为主的阔叶林，还有油松人工林等。

丘陵区以灌草丛为主，有面积不等的油松、刺槐等人工林。土层深厚

[1]　《地理学词典》编辑委员会：《地理学词典》，上海辞书出版社，1983年。
[2]　密云县志编纂委员会：《密云县志》，北京出版社，1998年。

密云浅山区三北防护林

密云石质山

的地区多数已开辟为果园或果粮间作区，生长着杏树、栗子树、苹果树、梨树、红果树等果树。

平原地区，原始植被遭到破坏，大部分地区成为农田或村镇。水库和水塘中发育着沉水和浮水的水生植物。

（4）田园。浅山区农田种植大部分为旱作物，诸如以小麦、高粱、荞麦等为主的农作物。山地农田景致都为梯田，零散分布；少数农田地形平坦，集中分布。田间小路交错，且河边、田里蛙鸣不断。乡间主要饲养鸡、鸭、羊、猪、牛等禽畜，水中主要饲养鲤鱼、草鱼、鲫鱼等。村民根据时令开展相关田间劳作，还包括种植瓜果蔬菜、放牧等。

2. 村落命脉

密云浅山区村落中村巷格局、民宅建筑、砖石材料等，都渗透着乡土

密云村落一隅

气息与氛围。今天还能见到一些保存较好的民宅乡土风貌，特别是部分村落依然保留有较为完整的村院格局，实属不易。

每座村落，每块砖瓦，都刻着千年历史，充满原汁原味的古村风貌，默默地把人带入历史长河的岁月中。这些沧桑历史中的印迹，都是活生生的记忆。这些记忆如同烙印一般，刻在人们心里。密云浅山村落，靠山面水、依山就势，古街石屋、房舍密集。这里春天山花遍地，夏天山林翠绿，秋天层林尽染，冬天白雪皑皑……

受人为因素的影响，密云浅山村落许多文化风貌遭到不同程度的破坏，特别是现如今，浅山村落充满着现代元素，但人们在浅山区还能看到那些留存至今的遗迹、遗物及遗址，即一些留存下来的各种古老痕迹，特别是还能见到不同时期的一些文物。

3. 生产生活

从农耕生产与人们生活看村落文化，浅山区村落都保存着一定规模的农耕劳作与日常居民生活氛围，而农耕生产主要以农业、林果业为主。

（1）农耕家院。人们秉持传统农耕文化，信奉“男耕女织、自给自足、克勤克俭、顺天应命、守望田园、日出而作、日落而息”等理念。这些理念实质上是人生“由此出发”与“最终归宿”的辩证关系。当然，这些农耕文化倡导的“温馨和真诚朴实的人际关系”，恰好反映出现代人的“故园之思、自然之想、传统之恋”的思想。

（2）家里家外。保住家里居住的根，唯有活态依存；留住家外乡村的形，唯有生态依旧。只要有村民居住的村落与民宅，就有人气儿，就有活力。这就是“活”着的村落。如今，浅山村落要想留住村民居于此，就要营造出村民生产、生活的环境，即要营造出“最乡愁，最质朴”的乡土气息，保存村落最本色且质朴的品质。当然，灵动之美的家园如同“世外桃源”，让村落充满真实感的生产、生活氛围，正所谓好家园犹如有源有史有故事的“魂”。

我试图将村落文化的“鲜活”呈现出来，并带给人们阅读的快乐。村落里村民们所享受的质朴与富有诗意的田园生活是城市中的人们无法体会的，这些带有乡土气息的生产生活，充满着亲情氛围、质感和韵味，在社会发展过程中成为一种积极的力量与底气。

4. 文化烙印

浅山村落融合了多种综合性的地域氛围，包括当地村民在顺应自然、合理利用自然的过程中，在土地上留下的印记，这些印记不仅是指文化氛围的村落，以及村落中留存的庙宇、民居、自然环境，也包括非物质层面的村落文化。

记住乡音乡愁，传承文化，是我撰写本书时秉持的原则。在千百年历史长河中，密云区浅山村落蕴含着最原始、最淳朴、最传统、最丰富的人文内涵。村落是乡愁特别浓聚绵延的地方，这主要体现在3个方面：一是原始“山花自然开”。漫山遍野的自然美景，成为人与自然和谐发展的生态之基。二是淳朴“水到自然流”。青山为屏、绿水环绕、相映生辉的环境持续转化为村落金山银山的财富聚宝盆。三是传统“人有幸福笑”。村落中的乡土文化，展示和体现了村民们朴实、勤劳、友善的生产生活和快乐的精神世界。

长期以来，在戍边农业生产与生活实践中，当地村民逐步塑造并发展起来的各种文化，都留存下乡土性和地域性特点。许多村落规整有序，街巷平直交织；建筑砖木结构，外观对称布局，彩绘雕刻纹样繁多，都留下了文化烙印，增加了鲜活的文化生命感。

总之，这些文化烙印的丰富内容，涵盖了村落的方方面面。它们既有种类多样的文物古迹，诸如村落中的宗教、建筑、军事、戍边等文化题材的物质遗产，也包含有精神层面的神话、传说、民俗、风情等非物质文化遗产。

（1）自然环境，孕育个性。浅山区的自然环境条件孕育出密云地区许多传统村落，这些村落在选址和格局上以“中国传统聚落是古人崇尚自然，尊奉‘天人合一’的传统哲学观念为指导”[1]，讲究依山傍水、背山面水、坐北朝南的环境来挑选村落的位置，以求得人、村、自然达到契合共生。

大部分浅山村落会挑选在地势平坦开阔的山脚、谷地营建，同时村中的道路走势、庭院布局也都与山体的走势、形态相契合，这些充分体现了人与自然和谐共生的营造智慧。

许多地形地貌、河流水系、气候植被等自然因素施加于大大小小的乡土村落，便形成了村落鲜明个性的乡土景观。这些个性不仅体现在生活氛围景观，诸如民宅、庭院、村巷、建筑等方面，也体现在生产氛围景观，诸如农田、林地等方面。

石城村有南石城、北石城两个自然村。明代洪武年间，筑长城于该地，设关口，嘉庆至隆庆年间，用土石修筑南北相对的守边营城，故名前后土石城。而后按方位称南北土石城。村址地面高为164米左右，京通铁路和水库西线公路经过村东。

石城村地处密云西部山区，属于不透水的花岗岩，雨水沿着被切蚀成深沟的基岩向下径流，构成一条条裂隙形泉溪。村域范围内的沟谷有九通湾、桃源仙谷等泉溪，常年不歇，水皆清澈，水质尤佳。石城村东部因有

[1] 业祖润等：《北京古山村——川底下》，中国建筑工业出版社，1999年。

石城村的山野与长城

密云水库，因此成为水源一级保护区。由于长期植树造林、涵养水源，石城村村域森林覆盖率达到81%，并成为保持高度自然状态的生态净土。其生态环境在北京郊区乡村中最具特色，湿度明显高于北京市其他区县，具有良好的自然本底基础。

另外，石城村作为东北进入华北平原较隐蔽的天然通道之一，自古以来就有商贾马帮过往，战时则为运兵之道。

2006年，石城村为了发展民俗旅游业，进一步保护与利用传统村落，对村内民宅进行了新的设计规划。北京市规划委员会将密云的村庄新农宅设计任务交给了清华大学建筑设计研究院。在接到任务后，以叶茂煦教授为首的清华大学建筑设计研究院与密云县规划局的同志紧密配合，将石城镇石城村作为重点规划设计，对村庄进行深入实地调研，实地踏勘，走访农户，获得第一手基础资料，最终根据当地条件与需求不同的宅基地，规划设计出4种民居方案。这些方案包括传统改良自住型、生态自住型、旅游接待南入口型、旅游接待东入口型，涵盖不同农户的需求。

叶茂煦教授带领的规划设计团队，充分研究区域旅游资源优势和自身的民居需求，以发展生态观光和民俗体验旅游为主导，将石城村规划设计成民俗旅游接待村。其宗旨是以最大限度地挖掘和传承村落与民

清华大学建筑设计研究院叶茂煦教授（右三）带领的规划团队

居历史文化内涵为首要原则，进而提高村落保护意识，全面提升新农村建设水平。

（2）人文环境，彰显个性。人文因素作用于乡土村落，对于村落的选址、整体风貌等方面具有巨大影响，不同的人文因素也营造出村落差异。

密云特殊的地理位置使它成为北京东北方向重要的通道或进出关口，多条线路汇集于密云地区（诸如御道古北口等）。这些沿线通道或进出关口，大都是沿途中转运输集散地，即客货驿站，“主要是为沿途的中转运输集散提供服务”[1]，并由此演变为村落。当然，这些村落发展进程都由临时向固定，由小面积向大规模营造转变。驿站村落与交通线路的功能分布、生活模式紧密相关，而村落中的人文环境要素是历史文化延续至今的真实性、完整性的体现。

北京地区内长城，特别是密云长城段自明代起开始营建，其中“密云区墙子路一带呈南北走向，向北过密云区东北部黑峪关后，走向急转西，沿密云区曹家路、新城子、古北口、白马关一线的北部山区分水岭构筑”[2]，成为都城的防御屏障，具有极强的军事战略意义。由此，在建造长城防御体系的时候，不仅营造了城墙这一主体构筑物设施，还依照“五里一墩，十里一堡”[3]的模式修建了大量的烽火台、堡寨、关城等军事设施，这些设施周围由于有大量人员入住，逐渐衍生出多种与戍边、生产、生活相关联的功能，即堡寨、兵营或营寨。

最终，这些密云浅山区长城戍边堡寨也逐渐演变发展成民居村落，而

[1] 张大玉、甘振坤：《北京地区传统村落风貌特征概述》，《古建园林技术》，2018年第3期。

[2] 王岩：《北京长城概览》，北京出版社，2018年。

[3] 同[1]。

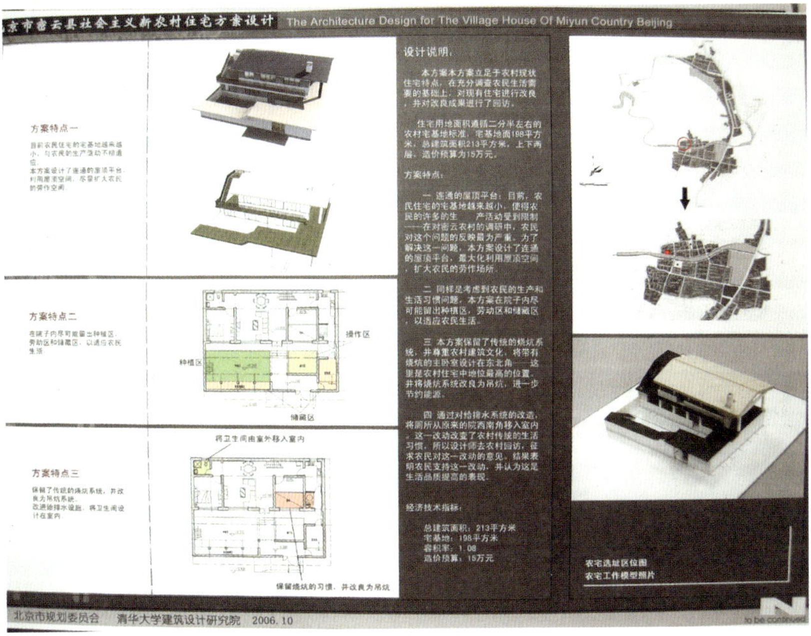

石城村新农宅规划设计方案图

其形态也与驿站村落民居截然不同，具有鲜明的防御特征，即村落营建在城堡之中，由城墙、城门等构筑物组成村落的防御体系，也是村落特征构成的核心内容。如今，吉家营还留有残存的城墙、城门等构筑物。

这些城堡即堡寨大体分为两类：营城堡与关城堡。营城堡多为矩形，而关城堡根据地形和防卫的需要，为自由形态。“营城堡周长通常在1000—2000米，城内设十字街，城外有校场和屯田；关城堡多设于重要关隘处，堡周长基本上在240—350米之间……”[1]

[1] 陈喆等：《北京地区长城沿线堡寨村落形态特征与保护策略初探》，《第十五届中国民居学术研讨会》，2007年。

密云驿站村落——古北口（组图）

密云吉家营堡寨村落

密云古北口堡寨村落古关

上述描述，使人想到“长城关隘，村落人家，狗吠鸡鸣，村巷栗槐”的美景。这里就是村落活态文物，是密云生态文明的鲜活载体，更是人们寄托乡愁的精神家园。

当然，大部分密云村落融合浅山区自然要素（地形地貌）、人文要素（传统风貌、历史文化以及农业生产），并呈现出朴实的乡土气息及民俗文化和景观特征。

二

浅山村落，村落各异

密云区地形地貌、水文气候等自然因素决定了村落的选址及其整体形态，是影响村落营造的首要因素，也是村落发展之基。在不同因素的影响下，密云浅山村落在地域上呈现出不同的形态，而每种村落形态都有自身鲜明的特征。具体而言，村落与民居讲究自然情趣，富有山水情怀，充满生态灵气，构成了村落独特的生命力，彰显“无山无水不成居”的真谛。这些村落大体分为点状、带状以及团状3种形态。

（一）点状村落，分散择地

1. 构成与分布

许多村落借山地等自然条件，分散择吉地建村落。正如业祖润所

密云苇子峪村——点状村落

讲，“人生活于天、地、自然之间，需在自然中定位，择吉地营建生存空间”[1]。中国古代人居环境强调以尊重自然为本，主张“人之居处，宜以大地山河为主”[2]。顺应天道（天时、气象、气候）、地道（土地、山川、河湖），以适宜良好的自然生态环境为载体，营造出人们繁衍生存的场所。

---

[1] 业祖润等：《北京古山村——川底下》，中国建筑工业出版社，1999年。
[2] 王君荣：《图解阳宅十书》，华龄出版社，2009年。

密云浅山长城段中分布着一些村落，受长城沿线独特的地形影响，这些村落各自为政，形成了分散点状格局，即点状村落。这些点状村落大都为城堡形式，主要为屯兵、防御和戍边所营建而成。其分布范围较为零散，并各具特色。受军事功能影响及对村落位置的特殊要求，点状村落主要集中分布在密云北部、东部和西部区域。

当然，有些密云浅山区村落，为了满足戍边军队士兵及其家眷生活需求，也会选择建在开阔的河谷台地，村落平面形态呈散点状。这些点状城堡型村落通常有统一的营造模式，其四周为具有防御功能的砖石城墙，而村落内部的村巷基本平直，民居建筑格局基本属于四合院规整形制。

2. 形成与特征

以前为防止敌人入侵，长城沿线修建了大量的城堡作屯兵之用。经过不断变迁，战争时期留存了许多点状村落，即为戍边而建的城堡村落。

点状村落营造多数是为了防御，也有少数是为了屯兵之用，所以村落在选址和营建过程中，要考虑军队的生存与居住需求。通常点状村落会选择生态良好的环境，即传统文化中所说的“吉地”。一般会选择在向阳的缓坡上建村，周围群山围合聚气，阳光充足，山水相融，自然景观丰富。点状村落背山（便于防守）、面水（便于生存），这也符合古代人们对宜居的地理环境的最佳选择，即相地。

人们不会把民宅营造于耕作的坡地上，较为平坦的土地尽可能都留给农田。对戍边军民来说，土地是他们最为宝贵的生产资料和财富，这些戍边军民要“依附于土地而从事着农业生产劳动，过着‘日出而作，日没而息’的生活”[1]。

[1] 彭一刚：《传统村镇聚落景观分析》，中国建筑工业出版社，1994年。

比如密云区吉家营村和石城子村，都是依托于长城的防御体系以及山形缓坡营建的村落。由于住房为一家一户单独建造，加上住户每家劳动力十分匮乏，“没有能力对自然地形做出较大的改变，所以只好顺应地形随高就低地修建住房”[1]。

明代洪武年间，在石城子村筑有长城，并且在此地设关口。我曾到石城子乡多次，其中两个地方印象最为深刻：一是梨树沟，二是桃源仙谷。

梨树沟村是密云区西线进入山区的第一个浅山村，五座楼森林公园景区坐落于村中，公园总面积两万余亩[2]。

石城子村桃源仙谷

[1] 彭一刚：《传统村镇聚落景观分析》，中国建筑工业出版社，1994年。
[2] 1亩约等于666.67平方米。

梨树沟村景区门口

整个梨树沟村四周青山郁郁，原始森林遮天蔽日。登高远眺，密云水库尽收眼底，烟波浩渺中众山皆小，群峰逶迤，飞瀑流泉直挂云天，清幽野趣气象万千，长城飞舞银蛇连绵，五楼雄峙气贯长虹，一派北国风光。五座楼森林公园以山岳高峻、峡谷幽深、潭深瀑险、森林植物种类多而著称，是京郊少有的人文及森林旅游综合景区，也是农家乐旅游的好地方。如今，为配合民俗旅游业的发展，村里硬化路面，修建了许多传统的民俗院以及精品观光采摘园。每年，梨树沟村都会吸引大量外国友人前来游玩，真是令人“沉醉不知归路”。

（二）带状村落，顺应地势

1. 构成与分布

密云作为北京市多山地区，境内的山地面积占总面积的3/5。大部分浅山区村落位于山区、丘陵地带。沿潮白河水系、白马古道、古北口古驿道沿线的村落，受山区狭小的地域影响，其平面形态特征呈多种形状，比较典型的带状村落有潮关村、新城子镇花园村等。

2. 形成与特征

影响密云带状村落形成的主要制约因素包括地形地貌、河流水系，其中地形地貌是最主要因素。密云山区面积较大，在山区营造村落，大都受制于山地对建筑排布和道路走向的约束。特别是在浅山区的山谷、山麓中

密云古北水镇水系速写

选址建设的村落，其村巷走向与民宅排布更加讲究顺应山势，并且村巷中主街一般都平行于山体等高线，民宅建筑也与村巷走向平行而建，最终形成狭长带状村落。

密云大城子镇——带状村落

河流水系是影响密云区带状村落形成的次要因素。水是生命之源，人类想聚居，必须选择水源丰沛，便于取水用于生产和生活的地带。浅山区村落要建村舍，水源也是必要的前提条件之一。密云浅山区村落一般都会选择在中低山区平缓地带，即选择在山体和水系之间地势平坦的地带，背山面水而居，靠山可种植果树，面水可引水灌溉。有些村落沿水系一侧营造，有些则延伸到水系两侧，比如密云古北水镇，以及冯家峪镇白马关村、上峪村等。

正如彭一刚在《传统村镇聚落景观分析》中所讲的，“在河网交织或湖滨江畔地区聚居建房……还可借水景的衬托而给村镇景观平添自然情趣”[1]。

以白马关村为例，白马关村始建于明代。文献中就有此地名记载，“‘三关口’是指密云境内的古北口、白马关、鹿皮关”[2]。历史资料中表述，北宋名将杨延昭（亦称杨六郎）曾经在白马关打仗时收服了一匹白马，故得此村名。白马关村总面积约11.93平方千米，村落格局东高西低，东靠山体，白马关河从西面流过，村落沿着白马关河呈带状布局，村落内有一条主街贯穿始终。另据《北京百科全书·密云卷》记载，白马关属

密云白马关城堡和白马古道速写

[1] 彭一刚：《传统村镇聚落景观分析》，中国建筑工业出版社，1994年。
[2] 曹景洲：《北京古迹传闻》，北京燕山出版社，2004年。

石塘路所辖，堡坐北朝南，南北长152米，东西宽50米，呈长方形，面积7600平方米。只设一南门，城门洞用城砖拱券而成，其他墙体外侧均为城砖垒砌，内侧均为大块山石砌成。“白马关堡”石匾字迹清晰，嵌于城门洞之上。在城堡南一座孤山上建有烽火台，与城堡遥相呼应。

如今，随着旅游经济的发展，村落里许多人家办起了民俗旅游。每当节假日，城里游客开着私家车慕名而至，来欣赏大山特有的壮丽景色。人们走进山里人家的民俗客栈，边品农家菜，边听当地人讲述有关白马关城堡和白马古道的故事。尽管历史上的白马古道已成古迹，但那段辉煌的历史一直镌刻在人们心中。

（三）团状村落，成组成团

1. 构成与分布

在密云浅山区，有少数村落分布于南部冲洪积平原，以及低山山麓、丘陵等地势平坦地带。它们的平面形态通常呈集中组团状，如密云水库北侧的不老屯镇燕落村、黄土坎村等，以及密云水库东南部低山山麓地带的西邵渠村。

2. 形成与特征

这些集中组团村落地处丘陵、山麓地带，以及部分平原地区。它们“为避免洪水泛滥，一般多建于地势较高的台地上，与一般农田相比，其地位则更突出。有的还在村的周围筑堤，以防范洪水侵袭”[1]。这些村落村

[1] 彭一刚：《传统村镇聚落景观分析》，中国建筑工业出版社，1994年。

内及四周为种植的林果树木，从平旷的田野中远远看去，树林之中可见袅袅炊烟，掩映着座座屋宇，乡土生活气息甚浓。

通常自然因素主要为生态环境要素，诸如地形平坦辽阔的场地、透气性良好的土壤，以及丰沛的灌溉水源。有了这些基础条件，诸多村落都在此形成并发展起来。另外，密云西南部潮白河冲洪积平原地势平坦，土壤透气性强，水热资源丰富，便于村民从事农业生产活动。所以这些村落的规模在不断发展扩大，逐渐形成了排列有序的民居，村道规整且成组成团，如燕落村、西邵渠村。

另外，影响浅山区村落形成组团的还有人文因素，诸如村落与外界联系的交通要道。密云西南部的潮白河冲洪积平原区，分布着许多村落，凭借着自身优越的交通和地理位置，这些村落与城区的联系更加密切，村落规模越来越大，发展越来越快。

密云太师屯东学各庄村——集中村落

三

村落格局，阡陌纵横

生活在密云这片古老土地上的村落，经过先人们几千年的实践总结，渐渐丰富了环境选择理论，建立起理想的人居环境：他们以山水为衬托，与土地紧密相合，坐北朝南的位置延长了日照时间，群山环抱使其免受冬季西北风的侵扰，良好的生态和局部小气候，使得村落与山水自然相融合，村落连延、溪涧相接，农耕文明在风、土、山、水中延续传承。

受地形及中国传统文化思想影响，密云浅山村落大都具有自身防御特性，其基本格局形态主要有规则式（鱼骨状）、放射式（树枝状）、自由式（“之”字状）3种。

（一）规则式（鱼骨状）村落

规则式（鱼骨状）村落主要集中在潮白河冲积平原区，以及密云水库北部的丘陵地带，受地形地貌等条件影响较小。这种平面形态通常是由若干个布局相仿、面积相当、功能相近的村落，共同构成若干规则村落组团，并且按照一定几何规则有序排列。其规则的平面形式主要呈方形、矩形等。

这种村落为了不使街道延展过长，沿街两侧的民宅大都沿进深（即纵深）扩展，即形成一条或一条以上的主街，以及多条纵向的次街和巷道，“以街串巷就形成了一种类似鱼骨形式的交通骨架，并借助这种骨架而将

密云程各庄村——规则式

所有住户连接成为一个整体”[1]。规则式（鱼骨状）村落街巷主次关系明确，宽窄一目了然。

另外，村落在开阔地带较大空间内，会呈多鱼骨状，即沿着主街向两侧衍生出的次街一般较长，会在某个地势变化较大的地方形成转折，而次街转折后的一段道路通常与主街平行延展。密云区新城子镇吉家营村就属于此类。该村位于较为开阔的低山山麓地带，规模较小，平面形态呈简单的鱼骨状，主街从西侧的城楼处穿过，呈东西走向，次街垂直于主街，沿着主街向南、北两个方向延伸。另外，新城子镇曹家路村也呈多鱼骨状，其规模较大，街巷平面形态呈复杂的鱼骨状。

[1] 彭一刚：《传统村镇聚落景观分析》，中国建筑工业出版社，1994年。

吉家营村落秋色浓浓

又如，不老屯镇燕落村地处碧波荡漾的密云水库北岸，位于巍峨的云峰山脚下。燕落村历史悠久，尽管历史上的燕落古城早已被岁月尘封，不复存在，但今天的燕落村却可以见到一条东西向主街和两条南北向次街共同构成的“一横两纵式”的道路网结构。这些南北走向巷道与主街贯通，相互通达。尽管次街较为狭窄，有些甚至为尽端入式巷道，但它们似乎在向人们讲述着曾经沧桑的历史和悠久的文化。

（二）放射式（树枝状）村落

放射式（树枝状）村落大都出现在密云低山地带，这些村落平行于等高线布局，并呈现为两种情况：一是呈外凸的弯曲形式，村落街巷形态“有离心、发散的感觉”[1]，这种村落往往是从山脊向下分布；二是村落呈内凹的弯曲形式，村落街巷形态“有向心、内聚的感觉”[2]，这种村落往往是从山坳向外排布。这种平行于等高线的村落会呈放射式街巷或树枝状街巷，它们大都顺应地形、河流和道路延展的线性格局，并且总体形态是沿多个方向展开。

另外，规模较大的村落，其村巷呈复杂交织、密度很高的放射式或发散树枝状；规模较小的村落，其村巷则呈简单的树枝状。比较典型的例子是北庄镇苇子峪村、东邵渠镇西邵渠村等，这些村子占地面积较大，村巷数量很多，主街有两条，即一条南北走向的道路和一条东西走向的道路，次街、巷道沿着不同方向展开，平面形态如同繁茂生长的树枝。

又如，密云区石城镇二平台村，地处白河湾环处，其随地势起伏，高差变化较大，并且延伸无序。由此，街巷顺应地形，空间格局上为树枝状布局，以一条进村道路为主骨架，通往各个宅院的巷路为次骨架和“枝杈”。

再如，古北口镇潮关村的村巷则数量较少，主街随着北部山体的形态，呈环抱式走向，次街连接主街两侧，并弯曲延伸至山体或水系旁，整体村巷形态呈稀疏生长的树枝状。

---

[1] 彭一刚：《传统村镇聚落景观分析》，中国建筑工业出版社，1994年。
[2] 同[1]。

密云苇子峪村——放射式

（三）自由式（“之”字状）村落

自由式（“之”字状）村落大都集中于中山山麓地带，即受中山地带地势复杂地形影响，整个村落因循地势蜿蜒起伏，与上述平行于等高线布局的两种情况相反，这种村落营造往往垂直于等高线布局，落差较大。[1]由此，村落形态呈自由式（“之”字状），即这种村落主街“有明显的高程

[1] 刘倩颖：《自然条件对村落形态和布局的影响》，《现代园林》，2010年第4期。

变化，这就意味着每隔一段距离必须设置若干步台阶。这样就使街道空间具有起伏和变化”[1]。另外，这类村落无法像其他类型村落一样规整建设布局，它们地处山体高差较大地带，并可延伸至山腰，因此在街道铺路的过程中，将街道修成曲折迂回的“之”字形或铺设台阶上下行，会更方便村民出行。

例如，密云东南部丘陵区的穆家峪镇上峪村就是一个很典型的例子，

密云苇子峪村附近四棱山——自由式

[1] 彭一刚：《传统村镇聚落景观分析》，中国建筑工业出版社，1994年。

密云穆家峪镇新村落速写

该村巷形态特别是村路迂回曲折，从侧面看逶迤舒展，“其外轮廓线颇富起伏变化和节奏感”[1]，给人留下深刻印象。

[1] 彭一刚：《传统村镇聚落景观分析》，中国建筑工业出版社，1994年。

02 领略密云，形胜之地

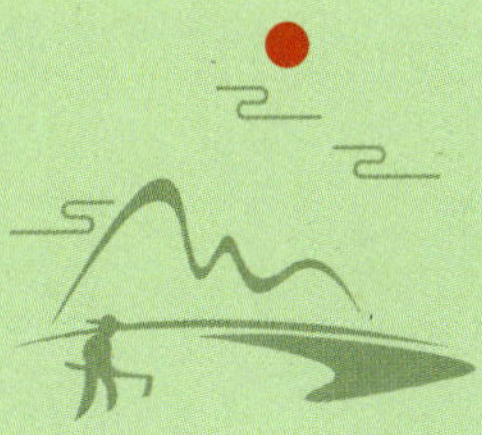

一

千年沧桑，密云古城

（一）燕京门户，京师锁钥

1. 密云经纬，空间格局

密云区地处北京市东北部的燕山山脉南麓、华北大平原北缘，是平原与山区交接地带。它北邻河北省滦平县，东接河北省承德县和兴隆县，南连北京市平谷区、顺义区，西靠怀柔区。资料显示，密云区西起东经116° 39′ 33″，东至东经117° 30′ 25″，东西长69千米；南起北纬

密云区高铁站

40° 13′ 7″，北至北纬40° 47′ 57″，南北宽约64千米。全区总面积2229.45平方千米，占北京市总面积的13.5%。它约占北京市面积的1/10，是北京市面积最大的区。

另外，密云区地处燕山山脉与华北平原的过渡段，东西两侧高，地势由北向西南倾斜，平均海拔200米，山地、丘陵占全区总面积的81.9%。“北部、西北部、东北部山势陡峻，境内有雾灵山、桃儿山、大洼尖、云蒙山等较高的山，东西北三面为中低山山脉，海拔在400—800米之间，最高海拔1730米，最低海拔45米，形成三面群山环绕，中部低缓的地形，平均海拔为366米。”[1]

从空间上看，密云既不像长方形，又不像正方形，有些类似三角形。其从南向北延伸，西南宽，东北尖。西北角番字牌乡凸出一个尖，东南角的东邵渠伸出一条短腿。

密云境内山峦起伏，连绵不断，虎踞龙盘，天然形胜。全区东、北、西三面群山环绕、峰峦起伏，巍峨的古长城绵延在崇山峻岭之上；中部是碧波荡漾的密云水库，西南是冲积平原。

总体而言，密云地形为三面环山，中部低缓，西南开口的簸箕形。山脉半环绕着密云区这片土地，形成温暖小气候，产生河流，营造了宜耕宜居的自然佳境。

2. 京师锁钥，雄关要隘

历史上，密云一直是北京至东北与内蒙古的重要门户。1938年，通（县）古（古北口）铁路（现京承铁路）修成，密云由此成为北京至东北的

[1] 高甲荣等：《北京市密云县农业生态经济分区》，《生态经济》，1999年第1期。

铁路交通津要。而今，北京至东北已有的3条铁路中，两条是从密云出关后进入东北的。

文献资料显示，历史上密云是历代兵家必争之地。北齐及明代修筑的长城，均沿密云边界山岭起伏。“明长城更历经密云边界的东、北、西3面，建有古北口、墙子路、白马关、鹿皮关等重要关隘61处。古北口东有蟠龙山，西有卧虎山，二山对峙，紧锁潮河，成为‘一将当关万夫莫开’的雄关要隘。”[1]明代在潮河东岸修成的仅容一车、一骑通过的“铁门关”，更增加了它的险要性。墙子路关口处，高山、悬崖陡立，形势极为险峻。关门外，每隔数千米修筑一道长墙，墙的入口处只能通行单人、单骑，故名拦马墙。历史上北方少数民族从东北、内蒙古进入中原，多取道古北口或墙子路关口。《史记》记载，“燕亦筑长城，自造阳至襄平，置上谷、渔阳、右北平、辽西、辽东郡以拒胡”[2]。“秦发闾左适戍渔阳，即指此地。中国历史上第一次农民大起义，就是因陈胜、吴广等被征发戍渔阳，途中遇雨误期，而被迫揭竿而起的。”[3]汉代匈奴屡屡通过这里进犯中原，西汉武帝以卫尉韩安国为材官将军率军屯渔阳，东汉光武帝遣骑都尉张堪驻守渔阳，后又于渔阳设营兵以防鲜卑。三国时曹操亲领大军救犷平败乌桓。唐于檀州设威武军、镇远军，并置东军、北口二守捉。宋设镇远军节度。明代派遣朝内重臣为总督驻密云。清代总督虽裁，仍于古北口设提督，驻绿营兵，同时令八旗兵驻防密云檀营。

历代虽对密云地区设重兵防守，但仍数度陷关丢城。契丹阿保机多次

[1] 密云县志编纂委员会：《密云县志》，北京出版社，1998年。
[2] [汉]司马迁：《史记（简体字本）》，中州古籍出版社，1994年。
[3] 《密云县地名志》编辑委员会：《北京市密云县地名志》，北京出版社，1992年。

古北口古御道“古道雄关”

攻占古北口，进兵中原。金军占领古北口后，又将宋刚刚从辽收回的土地全部夺走。文献记载，明嘉靖二十九年（1550），俺答汗攻陷古北口后，兵临北京城下。抢掠京畿8日后，取旧路退出，史称“庚戌之变”。[1]而清兵更是先破墙子路关口，进军北京城，最终定鼎中原。

密云作为北京市远郊区之一，在很长一段时间内，其自然环境营造出了特殊的战略格局，使之成为中原地区至东北、内蒙古地区的交通孔道和

[1] 密云县志编纂委员会：《密云县志》，北京出版社，1998年。

战略要冲。由于绵延的燕山山脉阻断了北方的交通，只在密云古北口一带留有狭小通路，并构成了华北通往东北、内蒙古的重要门户，是“南卫京畿护燕赵，北防虎狼襄关山”的锁钥重镇，故有“京师锁钥”之称。[1]

（二）京东名镇，话密云城

自20世纪80年代至今，我曾先后参与关于密云的各种规划项目，行走于密云村落之中，每次走进浅山，都能触动我的心灵，总会留下不一样的深刻印记，开启我对村落文化探寻的新征程。

1. 史说记忆，溯源往昔

密云城建城有多久的历史，据《密云县志》记载，东魏元象元年（538），原位于古北口外之安州及其所属的密云郡、安乐郡、广阳郡和三郡所辖的密云、要阳、白檀、安市、土垠、燕乐、方城、广兴（大兴）八县全部南迁并寄治于渔阳县境内。也就是从这年起，始有密云县之称，城址位于今址，距今已有1400多年。

另外，密云县原址在今河北省丰宁县大阁镇东北的南关村一带，这次始迁至今城址。因原址东南方向有一座高山，常年云雾缭绕，因而名为密云山（现为丰宁县云雾山），密云之名源自这座山名。

2. 历史源头，文献史记

文献记载，早在距今约10万年前的原始社会旧石器时代，密云已经开始有人类活动。相较于气候恶劣的北方，密云拥有良好的冲积平原，先民

[1] 密云县志编纂委员会：《密云县志》，北京出版社，1998年。

曾选择在这片土地上开拓。

约新石器时代后期，传说舜流共工千幽陵，共工所居之处“共工城”，即位于现密云县燕落村南，幽陵成为密云最古老的名字。

古北口铁门关下即是2000年来南来北往的古代道路，许多政客、文人、商贾在此过境时，留下了他们清晰的印记。宋代韩琦用诗文描摹古北口通途：“东西层巘郁嵯峨，关口才容数骑过。天意本将南北限，即今天意又如何。”而属于密云的高光时代来得比较晚，元代，大都到上都的辇路行经密云，古道上，山川隐没，马蹄声入草原，皇帝仪仗浩浩荡荡。

自元代拆毁了密云城墙，密云城便残破不堪。基于密云重要的军事地理位置，明洪武十一年（1378）和明万历四年（1576）分别改扩建旧城，并建新城。文献记载，扩建后的密云城面积大为扩大，其周长为9里13步，城基为石方，用开挖壕沟（护城河）的黄土夯实，墙面用青砖灰砌。城高3.5丈[1]（含垛口），宽2.8丈，城形为东南走向平直，西北走向椭圆。椭圆部分是为了远离白河河床而不致招来水患。城设东、西、南3座城门，有瓮城和铁裹门，城上设更铺24座，西、南各有石桥1座。

文献记载，明万历年间，戚继光镇守蓟门，并果断在旧城东北方向建新城。新城建设于明万历四年（1576），耗时5年，新城始成。从此，密云人习惯将老城称为旧城，将新建的城称为新城。这种双城建制在中国城建史上极为少有。

新旧城之间有50步宽的间隔，称为夹道，它是整个密云城的中轴线。从中轴线看，虽然新旧城没有直接相连，但错落有致，西南角与东北角、西北角与东南角相互对称，布局合理。只不过新城比旧城略小，城周为6里

[1] 1丈约等于3.33米。

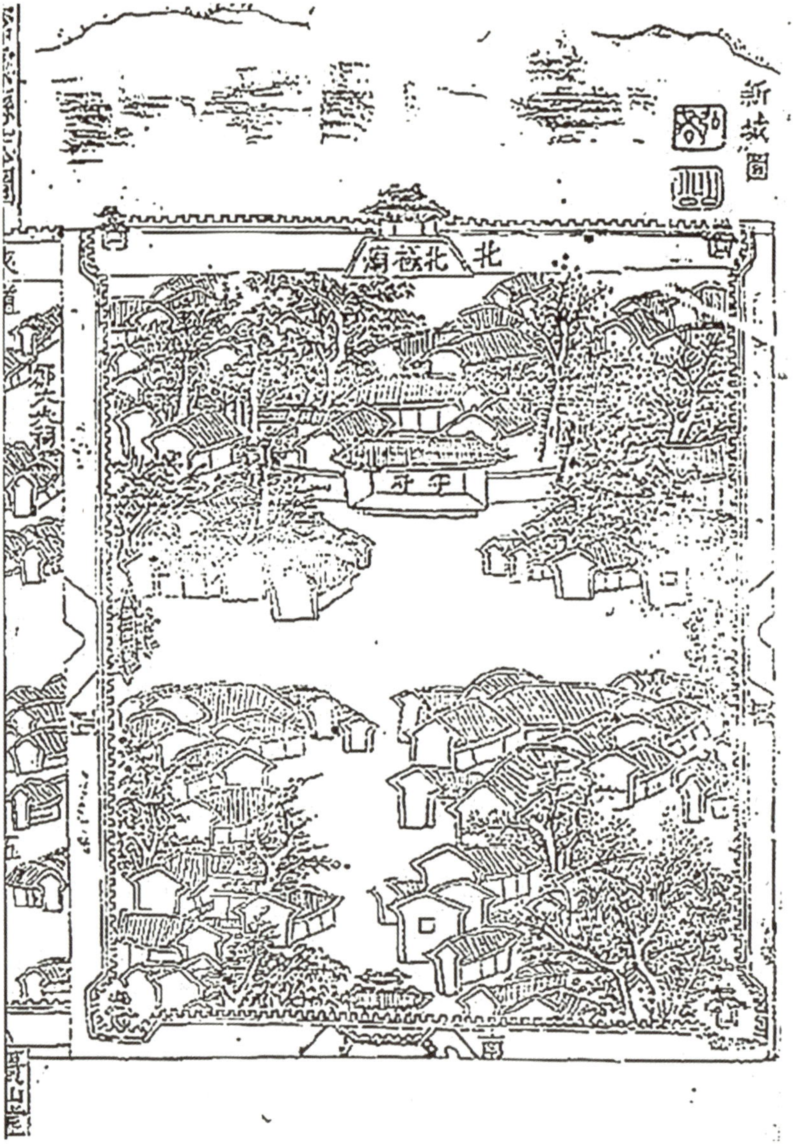

新城图（引自《密云县志》）

共工城〔引自《密云文史稿　传统村落专辑》（第38期）〕

古北口古御道城关

18步，东、西、南、北各设1座城门，后人觉得北门不吉利便将其填堵，另开了北便门，直通沙河。新城的瓮城、铁裹门，以及更铺与旧城的设计大同小异。所不同的是，新城每门之上都有城楼，拐角处都有角楼，更铺数量比旧城要多。总体看来，新城更坚固，结构设计也更合理，较旧城更完善。“新旧城外围都有壕沟（护城河），深2丈，宽1.5丈。城东、西、南各有一座石桥。每座城门都备有防备敌人进攻的吊桥。”[1]

明代，陡然收紧的北部边防与朝廷对“九边十一镇”的关注，使关城、寨堡、边墙筑起蔚为大观的蓟镇长城体系，至此密云在军事上的地位更加突出。“密云境内长城全长182千米，拥有敌台605座、城堡61座”[2]，而且充分融合了自然环境和人文景观，气势不凡，壮美绝伦，是中华文明附丽于自然山脉的人文奇迹，如今，它的长度仍冠于北京其他区，可以说是万里长城的华彩篇章。

历史上，密云旧城西北是白河，东南是潮河，两条大河流过城的两边。白河距旧城很近，经常发大水，冲坏城墙。为了防止洪水侵袭，明隆庆四年（1570）修筑密云护城坝三道，即沙峪沟—西门外、沙峪沟—城北、唐庄—白河西，多用泥沙、石子堆积。每当雨季洪水泛滥，旧城西部、南部屡屡溃坝，城墙成了挡水坝，洪水经常涌进城门。清康熙六十一年（1722），康熙帝令重修西堤坝，修建的新堤坝较为坚固。康熙帝手书“川流永奠”雕刻于坝头，但仍挡不住凶猛的白河水冲击。清同治九年（1870）的一场洪水及光绪年间的多次洪水，完全摧毁了城西坝，城西北

[1] 政协密云区学习与文史委员会：《密云文史稿　传统村落专辑》（第38期），2017年。

[2] 何涵妃、张艺凡：《中国国家地理·风物中国志：密云》，湖南科学技术出版社，2020年。

密云境内长城

墙体也多次坍塌。

中华人民共和国成立后，为了根治水患，1958年开始修建密云水库，直至1960年建成。自此，密云城杜绝了水患。

3. 京东名镇，密云城史

自明代开始，密云城一直是历代县衙、县政府所在地，为密云地区政治、经济、文化中心。文献记载，明代时密云城与外埠的主要交通靠水运，历史上曾有“引白壮潮”工程，将白河水引入潮河后，加深、加宽了水面，便于舟行载物。清代建立后，通过密云城打开了通往承德的御道。这条御道将“密云城、石匣、古北口三镇”[1]连成一线，成为密云经济的主

[1] 王灿炽：《北京密云驿站考》，《北京社会科学》，2002年第2期。

动脉。从清代至密云解放前后，在这条干线上，驼队、马帮、马车、牛车川流不息，与外埠互通有无，进行物资交流。

文献记载，密云旧城中心制高点曾建有独栋钟鼓楼，两侧并无城墙，东设鼓亭，西设钟亭。1933年，日军飞机轰炸密云城，钟鼓楼损毁严重。密云城解放时，只剩下一个大铁钟横地而卧。到1958年“大炼钢铁”时，大铁钟被砸毁回炉。整个密云城以“钟鼓楼”为中心，东西南北各有4条主要街道，成为密云城内的交通骨架，从骨架上又延伸出若干小街小巷（胡同）。那时的密云城没有地下排水设施，主街两侧都是砖砌的排水明沟，大街小巷雨水和污水横流漫溢。直至20世纪90年代，城区主要大街才建造了地下排水设施。

密云区古建筑很多，尤其是庙宇，有龙王庙、关帝庙、孔庙、真武庙、大佛寺、玉皇庙、马神庙、瘟神庙、鲁班庙、城隍庙、火神庙、圣师庙、东岳庙等，还有数十座祠、庵、亭、观等。由此可见，密云城曾是历史上的佛教、道教庙宇集中之地，堪称古文化名镇。

文献记载，唐贞观十二年（638），始建孔庙，只不过没在现址修建。后孔庙时兴时废。今天大家见到的孔庙坐落在鼓楼东街北侧，原庙前建有牌楼，搭成三门，中门为棂星门，西门为孔门，东门称义路。牌楼高端距地2丈8尺，气势壮观。牌楼后面是一圈汉白玉雕刻的栏杆环抱的椭圆形水池，每到夏季莲荷满池。池上有3座石桥，穿过复门，正中便是大成殿。大成殿雕梁画栋，四角翘首，前廊后刹，琉璃铺顶，肃穆端重。大成殿内正中为“大成至圣先师孔子之位”，两侧有子思、颜回、曾子、孟子4个牌位，西墙壁名列孔门的72位贤人。大成殿东西各有厢房7间，专为历代科举考试之用。大殿以西有学宫，供富家子弟读书；以东为藏经阁（藏书馆）。庙院内古碑林立，松柏参天，所有建筑都建在方石砌垒的石阶上。

自废除科举后，孔庙因年久失修，整个院落乃至殿堂屋顶杂草丛生，一片荒凉。中华人民共和国成立后，经人民政府整修，修复了大成殿，但孔庙昔日风貌已不复存在。

真武庙位于鼓楼北，原供奉真武大帝，后演变为民间供奉关羽、岳飞的合祀庙宇。庙前有石拱桥，庙门两侧有铁铸的一对高大狮子和数十丈铺有石条的祀道。在中国北方，庙宇前矗立的狮子多为石狮，而这里的狮子却用铁铸成，这缘于岳飞所率部队被民间称为“铁师”。每年中秋节过后，真武庙前便挤满了进香的民众，民间将其称为“九月庙”。尤其是赶上风调雨顺好收成的年份，庙会更显热闹非凡，马戏、杂技、民间武术表演，以及“唱大戏”等吸引着十里八乡的百姓前来围观，鼓楼东西大街变得水泄不通。中华人民共和国成立后，在真武庙旧址先后开办了密云师范学校、密云二中。

密云城处在优越的地理位置上，交通便利，自然形成了京东物流的吞吐码头和商品集散地。自明代中叶“引白壮潮”时起，水、陆运输两利两便，粮市、畜市、木市、盐市、柴市及小商品集市都集中在密云城。这里成为买卖兴隆、交易活跃的重要商业城镇，闻名整个京东地区。

晚清以后，密云城街面上逾百家的大小商铺成为日常交易的主要场所。主要行业为杂货、副食、布匹、绸缎、酒、盐及日用小商品。城内每条街上几乎都开设了手工作坊、中医药店、嫁妆铺、箩筐铺、麻铺等。摆摊的、肩挑的地方小吃比比皆是，尤以“三烧”，即烧肉、烧饼、烧酒驰名京东。密云城内较大的商号、商铺以带“聚”字为多，如聚源号、天聚号、义聚永、永聚号、东汇聚、汇聚号、聚德栈、聚永德等，这些商号、商铺的东家多属密云城内最大的财主宁文轩、宁子衡家，他们在石匣、古北口乃至热河、辽宁等地都有商号。这么多商号，东家管不过来，多通过实业、土地等作保，聘请做生意的行家里手任大掌柜、二掌柜来管理商号。

中华人民共和国成立后，密云城建设得更加繁华。进入21世纪后，密云城更是发生了翻天覆地的变化，共新建改造新南路、密顺路、新北路等市政道路40余条，总长40千米，“四横八纵”的城市道路主框架已经形成。

如今，高标准、大规模的绿化、美化、净化、亮化使密云面貌发生了质的变化，不仅市容整洁、环境优美，而且充满了现代气息。与此同时，修复城内大量文物建筑，保护古城墙，重修冶仙塔，修建密云鼓楼，把古长城搬进密云城。这些文物的修复和保护，有效地增强了密云城的文化底蕴。在城市建设中注意加强文化设施建设，修建了密云图书馆，新建了新华书店、少年宫、体育中心和京郊第一家博物馆，改造了大剧院，修建了密云青年宫，建成了全国第一个法制公园，新建了飞鸿世纪广场、密虹文化广场、大剧院广场等六大文化广场，建成了“密之水”“绿之魂”“春天的旋律”等30多个城市雕塑，密云城已成为美丽、生态、宜居的现代化新城。

二

神奇山脉，骨风犹存

（一）群山环绕，峰峦起伏

与北京市中心所在的平原相比，密云浅山区海拔较高，地形较多变，水资源丰富，植物种类繁多。

地理学者认为，山水环抱的平畴沃野，属于藏风聚气的好地方，适宜人类居住，也适合营造村落与城池。具体来说，一个好的村落要有山脉依托，即背有靠山（也称祖山），前有案山（基址前隔水的近山），左右有山脉保护，称为护山。河流也是一样，要远近环绕，远水大而流急，近水缓而不断。这样，水源丰沛充足，空气流动而无风灾。以此标准看，密云城属当之无愧的风水宝地。密云城坐落在区境西南部，北靠冶山，南面黍谷山，西北倚云蒙山，潮河、白河两河夹流东西，是三山夹两河的风水宝地。密云城的独特地貌与战略地位，在京郊各区中独树一帜。

密云有句谚语："怀柔县一条线，密云县一大片。"整个密云全境，燕山山峰环抱，峰峦起伏，古长城围绕着密云90%的区域面积。

密云苇子峪村附近四棱山——神奇山脉

密云山水大观

密云云蒙山

文献记载，密云城背后的东北山名为冶山，海拔335米。山上原有一座普济寺，始建于辽代重熙八年（1039），寺内有一座砖塔，辽代风格，平面呈八角形，塔身分上下两层，每层各有一拱形券门，门洞朝南，清光绪十五年（1889）塔顶被雷击毁。传说塔尖上有盏灯，是仙人纪晓塘挂的，夜晚常有亮光自塔内映出，远近皆见，为古密云八景之一——冶塔仙灯。冶山虽不是很高，但足以构成密云城的生态屏障，成为其有力的“靠山”。另外，密云城南有黍谷山，海拔648米，为密云八景之一——黍谷先春。如今，人们站在黍谷山可以隔着潮白河与密云城相望。李东明在《三山两河密云城》一文中指出：“密云城西北更有号称‘北国黄山’的云蒙山屏障拱卫，林海苍茫，云蒸霞蔚，更有号称‘燕山明珠’的密云水库位于区域中心，可谓气象万千。”

密云“北国黄山”——云蒙山

作者在密云桃源仙谷山顶

密云城除了“靠山”和“案山”护卫外，东南方向还有一座高山，常年云雾缭绕，“因而名为密云山（今丰宁县的云雾山），密云县名就是来自这座山名”[1]。密云境内燕山巍峨，山上长城更是绵延300多千米，沿县境东、北、西三面盘旋起伏，形成万里长城人工屏障。雄峙于崇山峻岭之巅，飞山越谷，逶迤西进，构筑众多关口。特别是位于山海关、居庸关两关之中的长城要塞名镇——古北口，南控幽燕，北连朔漠，自古便有“燕京门户”和“京师锁钥”之称，为密云城的山水大观增添了浓重的一笔。

[1] 政协密云区学习与文史委员会：《密云文史稿　传统村落专辑》（第38期），2017年。

如今，形如蛟龙盘踞的长城加之众多长城关口，与密云城的“靠山”“案山”遥相呼应，堪为奇观。

1. 群山竞举，重峦叠嶂

密云区境内“东部为‘燕山之巅’雾灵山，最高海拔2116米，在本县境内最高点为1735米；西部为云蒙山，最高海拔1414米，人称‘京师山景王’”[1]。整体而言，密云全境坡地多、平地少，呈现“八山、一水、一分田”[2]的格局。

密云长城段——京师锁钥

[1] 郑亚民：《立足当地资源发展观光农业——密云县观光农业开发思路》，《农村经济与管理》，1998年第4期。

[2] 密云县志编纂委员会：《密云县志》，北京出版社，1998年。

山地地貌自然因素对密云地区村落影响至深。作为全国首批生态文明建设试点地区，密云区境内“山川雄丽，水丰物美”。区内既有被誉为“华北物种基因库”的雾灵山，华北地区最大的中山云蒙山，又有被誉为“华北明珠”的密云水库，以及大小14条水系。

密云区受地质构造的影响，山脉属燕山山脉，为西东走向，而西部和东部边界山脉则为东北至西南走向。中部为断陷燕落盆地，现为密云水库。水库四周及东南部为低山和丘陵；西南部为山前冲洪积倾斜平原，海拔高度在1735—1745米。

按照北京市政府划定的市域内浅山范围中，密云区占比较大。在密云区内，除西南部的西田各庄镇、河南寨镇、十里堡镇及密云城属平原地区外，石城镇、冯家峪镇、不老屯镇、高岭镇、太师屯镇、北庄镇、巨各庄镇、东邵渠镇的部分区域均属浅山区范畴。

密云浅山区属于暖温带季风气候，整体浅山范围呈现半湿润半干旱状态。其四季分明，春季较干旱，夏季炎热多雨，秋季光照充足，冬季寒冷干燥。整个浅山范围年均气温约为11摄氏度，年均降雨量为661.3毫米。浅山范围内有大小河流14条，最为著名的潮白河贯穿其中。另外，浅山区森林资源多为针叶林、落叶阔叶林，以及经济树种，珍贵树种与珍稀保护动物种类丰富，云蒙山国家森林公园、古北口镇、司马台长城、桃源仙谷、密云水库等自然景观资源多样。

密云东部、东南部、西部、北部、西北部浅山区多为山脉，中间低海拔区域属浅山范围，浅山西北部的冯家峪镇、石城镇和东北部的太师屯镇、北庄镇海拔较高，坡度与坡向变化明显；西南部的穆家峪镇、巨各庄镇、东邵渠镇、溪翁庄镇海拔较低，且坡度与坡向变化较缓，适合山地森林游憩活动的开展。

密云大王庄村——重峦叠嶂

2. 山脉拥抱，村落相间

就村落而言，密云除了一些村落分布于冲洪积平原区外，还有一部分分布于中低山区，以及丘陵地区。这些村落依山建村，山地自然条件对浅山村落有着举足轻重的作用，因为它们为村落中的居民提供了舒适的气候及良好的生活环境。

密云山体景观

作者在密云云蒙山山顶

（1）中山山景，村落零散

一是中山山景。山势雄伟，地形陡峭。海拔高度在1000米以上，主要集中于“密云东部、东南部、西部、北部”[1]。地处中山带，耕地十分宝贵，为了把平坦的土地留作农田，许多村落都坐落在地形起伏的山坡之上。因此，民宅分布较为零散，靠近山体的平地一般开垦为梯田。大面积的山体、小面积的村落与周边的农田一同构成乡土景观格局。另外，在村落四周皆有规模不大的旱地（包括耕地、果园），它们大都属于传统梯田。与此同时，身处山中的村落，乡土气息与中山山景交相辉映，极

[1] 密云县志编纂委员会：《密云县志》，北京出版社，1998年。

作者在密云云蒙山考察

具特色。

二是村落格局。在中山及山麓之间分布的一些村落，受地形高差起伏影响，往往将宅院营造于阳坡之上，争取获得良好的朝向。村落格局与等高线垂直，并呈纵向延展。其格局特点为“正面狭窄，零散，紧凑”[1]。村落往往规模较小，村巷道路平面形态通常为自由式或“之”字形。

（2）低山山麓，村落有序

一是低山山景。山势圆滑，地形缓和。海拔高度在500—1000米。大都集中在密云东部与西北部。农田一般分布在村落靠近山脚和水系的一侧，

[1] 彭一刚：《传统村镇聚落景观分析》，中国建筑工业出版社，1994年。

并呈狭长的“条带状和组团状”。受山体及水系地形限制，耕地被人为分割，使农田大都呈分块状。

二是村落格局。密云浅山区村落地处低山山麓地带，其格局走向与等高线平行。平行于等高线向阳地带的村落往往会拥抱山体一侧，并面水而营造，位置极佳。另外，村巷道路平面形态多呈放射状。

我对低山村落印象最深的莫过于石城村桃源仙谷了。从20世纪80年代末起，我在从事教学工作之余，也从事旅游规划等科研工作。90年代，我曾经参与桃源仙谷现场勘察、调研，以及旅游策划和旅游总体规划，印象最深的当数“桃源仙谷攀冰”旅游活动。

北京桃源仙谷自然风景区位于密云区石城镇南石城村，坐落在云蒙山地域，距城区90千米。景区东起密云水库西岸的南石城，西至观峰台顶巅，全长8千米，总面积16平方千米。景区峡谷森林茂密，潭瀑众多，山峰雄伟，一湖六瀑十三潭，天画三峰四洞连。景区峡谷还有观潭望瀑、金龟奇景，以及童乐瀑、天书壁画、片麻崖、隐形瀑、天书洞、鸳鸯槐、一线天等奇特景观，犹如世外桃源。

北京桃源仙谷自然风景区最具特色的是攀冰旅游活动。20世纪90年代，我有幸在此体验了攀冰项目。这里的冰瀑由人工浇筑而成，共有3处大的冰瀑，很有气势。阳面山上的冰面高60多米，宽约100米，攀登难度较大，可作上方保护；阴面的冰壁难度更大，有些地方属于四级难度，适于比赛，以及专业人员攀爬。此外，宽6米，长30米的儿童攀冰区，是为中小学生特别打造的攀冰场地。

如今，在国家体育总局登山运动管理中心等有关部门的支持下，这里年年举办各种攀冰比赛活动，并开设专业攀冰培训班。此外，游客还可以观赏冰凌、冰瀑、冰挂、冰花等景观。

夏季密云桃源仙谷

作者在密云桃源仙谷现场考察

密云大王庄村——拥抱山体

密云桃源仙谷山石景观

冬季密云桃源仙谷

桃源仙谷自然风景区冬季攀冰现场

作者在桃源仙谷自然风景区攀冰

作者在桃源仙谷自然风景区接受中央电视台记者采访

（3）丘陵谷地，村落交织

丘陵景观。地势连绵不断，低矮山丘，坡度较缓。主要分布在密云水库四周及东南部，其海拔绝对高度在500米以内。由于地形起伏不大，地面崎岖不平，村落民宅高低皆有。另外，农田面积有大有小，靠近密云水库、潮河的，水资源丰富，土壤肥沃，非常适宜农、林产业的发展。

村落格局。地表平缓，场地营造空间多，民宅密集排列。村落规模较大，整体平面形态呈规整式或团块状。村巷道路互相交织成网，次街沿着主街发散走向，形态如放射状或树枝状。

密云丘陵地带村落景观

（4）冲积平原，村落成团

冲洪积景观。冲洪积通常为“山地河流出口处的扇形堆积地貌”[1]。

[1] 《地理学词典》编辑委员会：《地理学词典》，上海辞书出版社，1983年。

密云冲积平原村落农田景观

而冲积平原，又都为“扇状展布的冲积平原”[1]。它们大都位于潮白河冲积扇，其海拔高度在45—100米。该地带地貌起伏小，有集中成片的耕地，为密云区内重要的粮油生产基地。

村落格局。这些村落与城市不同，其发展带有很大的自发性。村落平面形态呈最简单、最常见的“面状”形式，即各民宅建筑沿着一条街道两侧毗邻排列，而街巷道路多为网状、十字状或鱼骨状。

总而言之，密云浅山区村落分布于中低山及丘陵等地带，整体格局表现为点、条、团形态。村落通过采用网状、“之”字状及鱼骨状街巷把每

[1] 《地理学词典》编辑委员会：《地理学词典》，上海辞书出版社，1983年。

密云山村环境——秋色浓浓

密云羊山村与水树峪村——丘陵谷地村落交织

个民宅进行有机衔接，塑造成集中与分散、有序与自由、活泼与多变的形态空间，“它与自然相联相通，充满自然的灵气，是古山村独特的生命力”[1]，充分体现出《后汉书·仲长统传》中所描述的“使居有良田广宅，背山临流，沟池环匝，竹木周布，场圃筑前，果园树后”的浅山村落境界。

（二）双八之景，山秀景美

密云名胜古迹众多，很早就流传着旧八景、后八景之说，又称“双八景”。这十六景中有山景，也有河景或泉景，还有古建筑景。现虽已年深日久，山河、古建筑均有所变易，但多数依然存在，颇有游览欣赏的文化价值与景观价值。

旧八景中与山体有关的景观有以下几个。

（1）冶塔仙灯。位于密云城东北山顶。山形尖如脊骨，顶上有洞穴，洞内积水成泉。山顶建有辽代砖塔，名冶仙塔，塔尖高入云霄。古籍中记载：“冶仙居其上，时放灯光。”[2]冶仙塔下建八旗军营，以震慑邪恶。如今，冶塔山是密云城的制高点，登上冶塔山，居高临下，可俯瞰整个密云城区。

（2）白檀晴光。位于密云区城南20里黍谷山处。此山峦处有常青翠柏，其中有两棵树龄千载、枝繁叶茂的白檀树。树下有一眼山泉，泉水清

[1] 业祖润等：《北京古山村——川底下》，中国建筑工业出版社，1999年。
[2] 密云县文化委员会、密云县旅游局：《密云风景名胜》，2004年。

密云“冶塔仙灯”速写

澈，水珠涌如繁星，晚霞相照，夕阳斜映，反射出五颜六色的水光，非常美观。白檀树后是别姑院，也叫别姑岩。西岩寺也是一处名胜。

（3）青洞晓色。位于密云城东北50里处。此处有一座青洞山，山腰间有半圆形石窟，俗称石佛洞。[1]此石洞为花岗岩质，洞中有石佛，夜晚的月光和拂晓的朝霞映在石佛上，洞内通明，色彩瑰丽。青洞山的青洞，就是指这个岩石洞。洞内经过人工修整，形成4平方米的佛殿。殿高1.25米，三壁岩石，饰以壁画。其彩画，时至今日仍然迹清色鲜。

（4）霞峰散彩。位于密云区城西王家庄西侧。文献记载，有元延祐五年（1318）重修的霞峰观。观后有一山，山峰多角，细似彩带飘浮，阳光

[1] 密云县文化委员会、密云县旅游局：《密云风景名胜》，2004年。

照射之下蔚为大观，称为霞峰散彩。[1]

（5）五峰凌空。位于密云城东北60多里处。此处有一山五峰并列，形似人的五指，故又名五指山。明代人形容它“疑是擎天舒只手，五云深处耸奇峰”。五指山峰下建娘娘庙，庙的周围青松掩映，山奇峰秀，风景宜人。

（6）回阳返照。位于密云城东南5里。此处有一座孤山，孤山周围的山都比它高，唯有它最矮。文献记载，诸山在阳光照耀下，日影俱落此山，孤山独与日光相映，故称回阳返照。[2]孤山即现在提辖庄后面的小山峰。

在1938年的《密云县志》上又增加了八景，称为后八景。在后八景中与山体有关的景观有以下几个。

（1）黍谷先春。位于密云区城南20里。此处有一座和密云山横向平行的黍谷山。黍谷山较其他山地势优越，日照时间长，气候温和，所以“草木先春”，冰雪早化。因为这种特点，才引出邹衍大师“暖律吹，一奏寒风解……”的神话传说，人们为了纪念邹衍，把满山“绿树红花，水草肥美”的景色命名为黍谷先春，并为他修建了祠堂，历代祭祀。

（2）雾灵积雪。雾灵山位于密云和河北省兴隆县交界处，峰顶在兴隆县，山势高峻，海拔2116米，为京北诸山之冠。在1700米处，有片凹甸，称“莲花池”。因其山顶六月冰雪不融，故有“雾灵积雪”之景。

（3）庵伴桃花。位于密云城北60里的石匣北面。这里山路回环，清泉曲绕，极为幽静。春天桃花盛开，景色佳绝。文献记载，人们把它比作武

[1] 密云县文化委员会、密云县旅游局：《密云风景名胜》，2004年。
[2] 同[1]。

密云青洞晓色三教寺速写

陵桃花源。其间有一座小庵，于丘陵隐处，多清泉，周围栽有桃树，春时到来，此庵掩映于桃花丛中，因而得“桃花庵”的美名。

（4）石匣拱镇。石匣镇位于密云东北部的潮河之畔，距县城30千米，地处密云的中心。如今，“石匣镇已湮没于密云水库之中”[1]。相传在石匣镇西门外，“埋有一个天然石匣子。匣盖露于地面，呈长方形”[2]。明代时，这里修建了石匣镇。从此，石匣拱镇便成为密云后八景之一了。

[1] 王灿炽：《北京密云驿站考》，《北京社会科学》，2002年第2期。
[2] 密云县文化委员会、密云县旅游局：《密云风景名胜》，2004年。

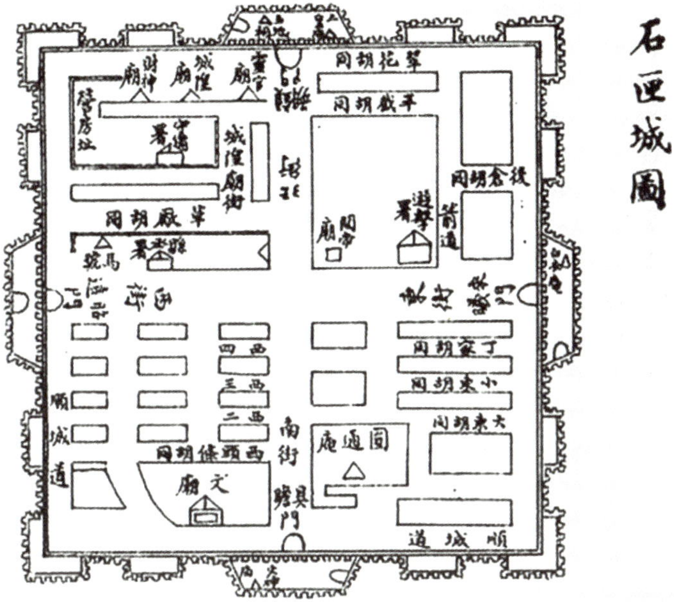

密云石匣城图［引自《密云文史稿　传统村落专辑》（第38期）］

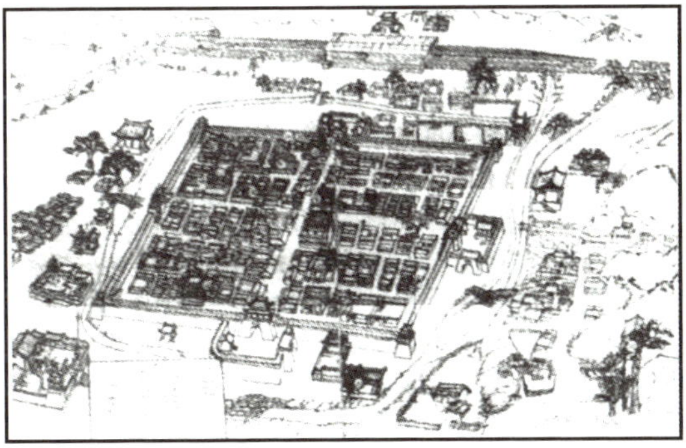

密云民国初年的石匣城图［引自《密云文史稿　传统村落专辑》（第38期）］

20世纪30年代密云石匣城北门正门［引自《密云文史稿　传统村落专辑》（第38期）］

三

京华水华，滋养都城

（一）河流众多，水源丰沛

与山的静相比，水的特征是流动。密云区河流众多，特别是有密云水库，被誉为北京“大水盆”。如果把山看成是密云的躯体骨架，那么，水就是其中流淌的血液。

以下，先从与浅山村落紧密联系的河流水系说起。

密云区作为北京市重要的水源保护地，河流众多，水源丰沛，不仅有密云水库、半城子水库、遥桥峪水库等，还有潮河、白河、潮白河、清水河、白马关河等多条水系河流。其中，流经密云境内的潮白河和温榆河与永定河共同滋润着京华大地。源于塞外的潮白二水，“是密云的母亲河”[1]。它们在燕山群峰中蜿蜒曲折，飘飞起舞。潮河响声如潮，白河浪卷沙白，大开大合，满怀激情地扑向密云城的怀抱，在密云城南交汇而成潮白河。

潮河、白河两大水系左右贯穿于密云境内整片浅山，潮水东来，白水西绕，双河碧水环抱着密云城这颗璀璨的明珠，使其秀美如画。“山川襟带之间，密云城温润丰饶，人杰地灵，遂成‘燕国天府’。”[2]这恰恰符合

---

[1] 政协密云区学习与文史委员会：《密云文史稿 传统村落专辑》（第38期），2017年。

[2] 同[1]。

择地上要求的藏风聚气，也奠定了密云城畔河水相伴的显著特征。

1. 河流水系，成网密布

密云区内的两大水系分别为潮白河水系和蓟运河水系。其中，潮白河水系是密云的第一大水系，河流平均宽度约500米，有“北京莱茵河”之称。[1]其上游又分为潮河、白河两大支流。除此之外，密云还有包含密云水库在内的24座大小水库。

（1）潮河水系。潮河源于河北省丰宁县的南山下，“古称鲍丘水”[2]，自古北口入区境，流经古北口镇、太师屯镇等，从大槽村西部流入密云水库，长24千米，常年有基流。河道蜿蜒于山岭之间，“每到汛

密云潮河响声如潮

[1] 卢自有：《大运河遗迹：漕运北延线——潮白河水运》，《北京日报》，2017年8月31日。

[2] 密云县志编纂委员会：《密云县志》，北京出版社，1998年。

密云清水河

密云潮河段——潮河总干渠

期，洪水咆哮而下，声如响潮，故名潮河”[1]。自碱厂流出水库，经穆家峪乡、巨各庄镇、河南寨乡与密云镇交界地区，至河漕东与白河相汇。长31千米，河道宽100—500米，境内流域面积451平方千米。潮河的支流主要有7条，分别是小汤河、安达木河、西河、清水河、道人溪、红门川河、牤牛河。

（2）白河水系。白河源于河北省沽源县境内，古称沽河。自龙门沟入县境，流经四合堂和石城两乡，于鹿皮关注入密云水库。白河北系支流有4条，分别是白马关河、蛇渔川河、西沙河、水川河。白河“此段长20公里，河床镶嵌在峡谷中，最窄处仅10多米……多呈‘V’字型”[2]。于溪翁庄从水库泄出后，经溪翁庄镇、密云镇，在十里堡乡河漕村东与潮河相汇，称潮白河，南流10千米至平头村出密云境。水库以上河段常年有基流，水库以下河段长27千米，河道开阔，因水库多年不放水，已成干河道。

另外，白河流经密云区、延庆区、怀柔区，在密云段直接补水密云水库。这其中就有著名的黑龙潭风景名胜区，黑龙潭白河峡谷俗称轱辘峪，地处密云石城镇鹿皮关北面的一条全长10千米，水位落差220米的峡谷里，窈窕狭长，蜿蜒曲折，穿越密云水库、云蒙山，瀑布深潭几乎连成了串，犹如一条美丽的宝石项链，是一处原始风貌保存相当完整的自然峡谷，有“十里画廊”的美誉。黑龙潭的山水大观、人文典故在此得以集中布局和展现。黑龙潭白河峡谷景区承载了景区大部分文化旅游项目，集中展示了黑龙潭的壮丽，成为国内外游客非常喜爱的旅游风景区。

[1] 密云县志编纂委员会：《密云县志》，北京出版社，1998年。
[2] 同[1]。

密云白河景观

密云潮白河段——“十里画廊”

（3）蓟运河水系。蓟运河水系同潮白河水系一样，也是海河流域北系的主要河流之一。此外，蓟运河还被列为“宁河八景”之首。目前，蓟运河水系仅有一条支流，即错河。

（4）水库。密云境内共有大、中、小型水库24座，还有若干塘坝。其中，有大型水库1座——密云水库，位于区域中部，是华北地区最大的水利工程，也是首都重要的饮用水源。全区中型水库有3座，分别是位于巨各庄镇的沙厂水库，位于不老屯镇的半城子水库，以及位于新城子镇的遥桥峪水库。境内小型水库共有20座，均位于山区。密云水库总库容为43.75亿立方米，其他水库、塘坝总蓄水量为6340.5万立方米。

在密云的这些水库中，最为著名的当数密云水库，它“被誉为燕山明珠。水面面积达188平方千米，蓄水40亿立方米，筑有潮河、白河两道大坝。其中白河主坝长960多米，高60多米，坝顶宽8米，潮河主坝长1000多米，坝高50多米，坝顶宽8米”[1]。周围有环库一周200多里的环湖路，湖中多孤山、小岛，长满了绿草鲜花，远远望去烟波浩渺，如同海上仙境一般。相传，在水库白河部分中心处，原有一眼水，水从地下涌出，水汽蒸腾，水珠串串，被当地人称为渤海涌珠，是密云著名的后八景之一。[2]

文献记载，密云水库是华北最大的水库。1958年9月开工兴建，来自河北、北京的20.6万名农民参加修库劳动。1959年9月10日，毛泽东主席到水库视察。周恩来总理6次到水库工地指导工作。仅一年，水库即拦洪蓄水，两年水库建成。水库拦蓄了上游各次大小洪水，使下游地区免遭水害，也使大批农田得以灌溉。1982年，密云水库功能开始由防洪灌溉转变为防洪

[1] 曹景洲：《北京古迹传闻》，北京燕山出版社，2004年。
[2] 同[1]。

供水，“从此‘渤海泉’就变成了一个巨大的人工湖泊”[1]。

20世纪90年代初期，我曾经在北京大学城市环境系王恩涌教授带领下做密云水库库北区移民规划，主要负责库北高岭、不老屯村调研与总体规划工作。调研期间，我住在库北两个村落中。这两个村邻近水库北边，每到傍晚，我时常穿过玉米地，来到水库边。傍晚的水库在落日的照耀下，金光灿灿，景观夺目，微风徐徐，很是惬意。

接下来再说说不老屯村吧。

在北京东北角，靠近密云水库北边山区里有个叫不老屯的村子。其“地势北高南低，依山面水。南部地势平展，土地肥沃，北部为山地丘陵”[2]。记得当时来此调研，就听村里老人介绍，很久以前，村里有个名叫王志的后生，以打柴为生。一天，他在云峰山深处偶遇两位老者，二老鹤发童颜，边下棋边吃桃子，见王志在一旁观看就递上桃子，王志吃下仙桃返回村中，才知山下已过了无数个春秋。王志回村的消息传开了，人们都说村里出了个长生不老的人。从此，村子得名不老屯。

密云区还有众多的小型水库，其中就有沙厂水库（后称金鼎湖）。20世纪90年代中期，我曾参与密云金鼎湖旅游开发总体规划。金鼎湖风景区距北京市区85千米，总面积为40公顷[3]（约0.4平方千米）。

当时，金鼎湖旅游规划定位就是郊区休闲度假地。其旅游资源丰富，四面环山，山中有湖，湖面宽阔，水体洁净，蜿蜒曲折，可通行大小游船。另外，水库四周山势较低，坡度平缓，植被茂密，野生鸟类众多，山

[1] 曹景洲：《北京古迹传闻》，北京燕山出版社，2004年。
[2] 《密云县地名志》编辑委员会：《北京市密云县地名志》，北京出版社，1992年。
[3] 1公顷等于10000平方米。

俯瞰密云水库

密云水库大坝

不老屯村周围小溪

峰奇特壮观，是水上娱乐、休闲度假的理想场所。今天，在金鼎湖周围已有许多旅游饭店、农家乐。游客们来这里可以品尝贴饼子、水库鱼、猪肉炖粉条等农家饭，可以尽情享受郊野度假之乐。

2. 融合水系，古村村落

凡是有山有水的浅山区，特别是有河流水系，以及一些溪流流经的地方，人们都乐于选择在此地段营造村落。当然，村落营造要尽可能逼近、邻近水体。

密云浅山区村落选址大都会以水为邻，近水为居，靠近水源之地成为营建村落首选之地，即“凡是有条件的都尽量靠近水源，乃至临水而居”[1]。由此，密云村落格局形态随水系应运而生，共同兴盛成长。

[1] 彭一刚：《传统村镇聚落景观分析》，中国建筑工业出版社，1994年。

20世纪90年代作者考察密云沙厂水库（金鼎湖）

由于境内河流水网密布，水系形态变化多端，村落与周边环境之间形成独特的肌理，同时也形成了变化万千的丰富景观。“山水林田村”交相辉映。大部分村落、农田都分布于水系、河流周边，结合地形变化，呈现出形态各异的农水景观，“水绕村落，农田水网”。

受不同的浅山区环境影响，特别是河流水系的影响，许多村落景观与水系结下了不解之缘。空间格局取决于河流的走向，呈现出平直、转折、屈曲、交叉等，同时在功用上实现了农田灌溉、养鱼、炊事、饮水、洗衣等多种需求，并且因水而呈现出诗情画意的“小桥流水人家”的美丽景色，[1]诸如水绕村落、水穿村落、水交村落、水抱村落等。

（1）水绕村落。在密云浅山区，一些河流水系环绕村落，即水系以紧

[1] 彭一刚：《传统村镇聚落景观分析》，中国建筑工业出版社，1994年。

密云水绕村落干涸小溪

贴或相隔的方式环绕于村落四周，这种村落在浅山区较为常见。通常情况下，受气候条件的影响，特别是夏季，河道水量充沛，经常泛滥，以至浅山区村落会选择距离干流较远且地势较高的台地营建村落民宅，以避免夏季洪水上涨淹没村庄。例如，车道峪村的村落“平面随水岸而呈弯曲的形状”[1]，即平面形态为“U”形环绕式。另外，沿着狭窄溪流分布的村落，则往往会选择在靠近河流一侧的低缓阳坡地上建民宅，这样既方便村落农田灌溉，也方便人们饮用水。

（2）水穿村落。受河流水系影响，包括一些溪流影响，水系往往会横贯穿越村子，并把村落分割成大小不一的两个部分。与水绕村落不同，

[1] 彭一刚：《传统村镇聚落景观分析》，中国建筑工业出版社，1994年。

密云古北口村水穿村落

横穿村而过的水系，一般沿着宽阔的主街，随势而行。人们会把民宅建造在两岸高地之上，“街道与建筑物均平行于河道走向”[1]。如密云新城子镇花园村，该村水系从西北至东南穿越村落内部，将村落较为平均地分成两部分。丰水期，涓涓细流流淌过河道，漫延过石块，营造出浓郁的自然情趣。再如密云古北口镇司马台村的古北水镇，该村古御道与民居沿汤河水系延展，水系北侧兼有小型商铺和一些景观节点，视线较为封闭、紧凑，而水系南侧因靠近山体，民居建筑沿着水系与古御道排布，中间还有农田穿插分布，沿水系边上的古御道行走，总能感受到水系边建筑与农田共同营造出的节奏感。

[1] 彭一刚：《传统村镇聚落景观分析》，中国建筑工业出版社，1994年。

（3）水交村落。密云浅山区“在河道交叉或水网交错处的村落，常被交织的河道分割成若干小块”[1]。在密云浅山区，常有不同的两条水系交汇于村落入口之处，其中一条水系环绕或紧邻村落边，与村落外围的耕地或林地形成田园风光；而另一条水系则流入村中，并且与主路平行，穿村而过，一起构成富有乡土气息的滨水之景，最终形成迥然不同的景观感受。比如密云新城子镇令公村，村旁有两条水系，交汇于村落西侧入口，村外围南北走向的水系环绕着村落，而贯穿村内的水系则沿着主街，将村落分割成北村和南村。

（4）水抱村落。密云浅山区中水系夹抱村落通常是两条水系从两侧夹抱村落，即不同水系交汇形成“Y”字形的村落。还有一种情况，两条平行水系分别从两侧延伸至村边，它们没有交集，并随着村落入口的边界处，一直延伸到村落收尾的边界处。古北口镇古北口村就是一个很典型的水系夹抱村落，该村落北部为老村区，西部紧邻宽阔的潮河水系，而村落东南部为新村区，南部则紧邻潮白河的支流——汤河水系，潮河水系与古北口村隔公路相望，独立成景，而汤河水系却与村落内的民宅、耕田、街巷共同成景。

融合水系，田畴村落是密云浅山区常见的形式，这些村落有山、有水、有田。山水起伏、田畴错落，加之民宅多顺应地形而随高就低，颇具一种奇异的自然美。另外这类村落由于贴近田畴，而民宅周围又多为菜圃，加之“水穿村落，水绕村落”，水中有人们喂养的嬉水鹅鸭。就这样，一年四季随季令更迭，各种农作物交替成长，春华秋实，呈现出一派美妙的田园风光。

---

[1] 刘倩颖：《自然条件对村落形态和布局的影响》，《现代园林》，2010年第4期。

密云上河下村——水抱村落

密云古北口镇水抱村落速写

这既是村落景象，也是我感悟到的朴实真谛。

随着时代更迭，从固若金汤的长城之墙，到润泽万物的水源之地，密云浅山村落一直留在人们记忆之中，从未发生改变。

（二）双八景色，水韵佳境

密云区众多名胜古迹都与河湖水系紧密相连，其中最为著名的密云双八景就与水景秀美有关。

密云旧八景中与水体有关的景观为圣水鸣琴。据文献记载，密云东南8里，有一座圣水山，山上有五龙祠。明将戚继光曾来此游览观赏，并在五龙祠下修建了一座龙女庙和过凉亭。圣水山脚下有一山石缝，离地1米，从石缝中滴下水珠，落到卵石铺砌的浅水潭里，激射成声，滴滴答答，宛如琴韵。据说这是密云南部群山中唯一的泉水。

另外，在1938年的《密云县志》上又增加八景，称为后八景。在后八景中与水体有关的景观有以下几个。

（1）渤海涌珠。文献记载，它位于密云北30里的一座叫渤海寨的村庄，如今已属密云水库白河部分的中心。在村南有一眼地泉，水从地下涌出，激流滚珠，散发云气。"在阳光下，透出五颜六色彩霞。因泉水涌流如珠，故称'渤海涌珠'。"[1]

（2）石湖映月。文献记载，密云北50里处，有一山，石壁如镜，石下有石湖，澄清透明，景致幽然。此景处于山的最狭窄处，有一瀑布泻入湖

[1] 密云县文化委员会、密云县旅游局：《密云风景名胜》，2004年。

中，由于峡深谷幽，光照时间短，湖水结冰，石湖便成了冰湖。冰呈豆绿色，透明似玉。“解冻后，湖水清澈透底，月影倒映水中，皎洁如洗，故称之为‘石湖映月’。”[1]

（3）白龙奇潭。文献记载，密云北50里处，有一个叫龙潭沟的山沟，沟长20多里，山沟中的狭窄处，有3个瀑布冲泻而成的石穴，又称“三潭”。瀑水跌入一潭后，旋转几圈而后溢出，注入二潭和三潭。潭的南侧，竖有两座石牌楼，刻有乾隆帝写的“石鳞水府”4个大字。潭西有龙泉寺，周围山峰环绕，苍松翠柏覆盖，是一处优美的风景胜地。

（4）潮河信泛。文献记载，潮河源出丰宁，由古北口入关，贯穿密云

密云潮白河上游

[1] 曹景洲：《北京古迹传闻》，北京燕山出版社，2004年。

全境。在密云城西南处与白河汇合，称为潮白河。修密云水库以前，每当汛期，河水泛滥，洪峰咆哮，两岸一片汪洋，虽称一景，实为一害。密云水库建成后，将这一河水拦腰挡住，变害为利。“‘潮河信泛’是指当年洪峰咆哮时的情景。”[1]

[1] 密云县文化委员会、密云县旅游局：《密云风景名胜》，2004年。

03 纵览密云，文化脉络

一

历史沿革，追根溯源

（一）密云远古，史说记忆

从密云区高岭镇黄土梁村原始社会遗址出土的大量旧石器，就已考证“在距今约10万年前的原始社会旧石器时代”[1]，远古先民们开始在密云这片土地上拓荒、生产及生活，并由此度过了一年又一年艰难的风雨岁月。

随着转山会、燕落寨、彭家峪等一系列原始社会遗址相继发现，充分证明了早在约6000年前的原始社会中晚期，祖先们就已聚居在密云营建村落。

转山会遗址位于密云区东北45千米的转山会村，为洞穴式遗址，出土了石斧、石刀、陶纺轮等器物。经市区文物部门鉴定，此处为新石器中晚期的原始古村落遗址，距今约6000—5000年。如今，在转山会遗址不远处有转山子水库。这里空气极好，依山傍水，是很好的休闲胜地。

燕落寨遗址位于密云区西2.5千米的燕落寨村南。该遗址1960年就出土过雪山二期的陶篦等器物。1975年后又多次出土石斧、石磨棒、陶篦等器物。出土的石器和陶器多为手工磨制，器形较大，石质粗糙。燕落寨作为新石器时期至商周时期的古村落遗址，距今约5000—3000年。另外，燕落寨遗址的“槐抱榆”有着丰富的文化内涵。文献记载，明太祖朱元璋的第

[1] 密云县文化委员会、密云县旅游局：《密云风景名胜》，2004年。

原燕落古城旧址［引自《密云文史稿　传统村落专辑》（第38期）］

四子朱棣，初封燕王，镇守北平。据说一天朱棣领兵来到潮白河畔的一个山村，人困马乏，便把战马拴在一株槐树上休息，将战袍随手挂在树枝上。村民们后来就将此树称为拴马树或挂甲树。现如今，燕落寨的古槐还有一奇，榆树的种子被鸟啄或风吹掉入这棵老槐树洞，生根发芽，在树干分枝处长出一株小树，成了树上树，其谐音应了老百姓的一句吉祥语“怀（槐）中有余（榆）”，村民们对它倍加珍惜。

彭家峪遗址位于密云西北部20多千米的王庄子村东，遗址在东西两山之间的峡谷中，面积为500多平方米。1980—1984年，多次出土石斧、石刀、石锛等石器。经鉴定，此遗址是距今约5000—3000年的新石器晚期至战国时期的古村落遗址。

岁月无痕，洗尽铅华。密云远古先民的辛勤劳作，为密云区历史留下了华彩篇章。

（二）岁月沧桑，共工城史

密云历史悠久，约6000年前先民们已聚居于此并形成村落。公元2年，有人口1.5万至2万。这是密云地区人口数量的最早记载。

《密云风景名胜》中记载："在燕落村南八华里的水库淹没区原有一金沟村。村东南石桥外百步许，有一座方型土城，村民沿习叫它'土城子'。城四边各约五六百米，高约十余米，系黄土堆筑而成，从不见砖瓦。城南有百余亩沼泽地，古称为'莲花池'。城西是一条聚溪而成的小河，南流入潮河。城南的沼泽和城西的河漕，显然是远古先民挖土堆城的遗址。"[1]金沟村正东8华里处就是奔啸的潮河（古称鲍丘水），据《顺天府志》记载，流放于共工城的共工因为心情郁闷，经常到鲍丘水边垂钓，并建有钓鱼之高台，因而村子得名钓鱼台。修建密云水库时该村移民迁至今河南寨镇，至今此处仍名钓鱼台村。

"共工城堪称北京第一古城，比北京房山区拒马河畔距今3700多年的古城还早400多年。"[2]岁月沧桑，共工城成为密云历史的见证。

密云在商代为商域，西周与春秋时期为诸侯国燕的领地。战国时期一度被东胡进占，燕昭王十九年（前293），燕大将秦开击退东胡，收复密云地区，并于此地设郡，郡址在现密云统军庄村南的南城子。因其位于渔水（现白河）之阳，故称之为渔阳。这是文字记载县境内最早的行政建制，故密云被称为"渔阳古郡"。[3]

秦统一全国，分天下为36郡，密云境内设渔阳郡、渔阳县。密云域内建县始于此。此时的渔阳郡，辖现北京市的东部、天津市大部、河北省北部部分地区。

文献记载，"西汉时期，县域内为渔阳郡的渔阳、犷平、厗奚3县分

[1] 密云县文化委员会、密云县旅游局：《密云风景名胜》，2004年。
[2] 同[1]。
[3] 密云县志编纂委员会：《密云县志》，北京出版社，1998年。

治。西晋初，郡、县均废，改属燕国，后又复郡、县之置。东魏元象元年（538）密云县始寄治渔阳县境内，同时寄治的还有安州及所属密云、安乐、广阳3郡7县。密云之名始于此。密云县原建于现河北省丰宁县境内，治所在丰宁县大阁镇东北的南关村”[1]。

史料文献记载，密云自汉代到明初，多为州郡所置，汉代密云为渔阳郡，所辖三县，即安阳、要阳、白檀，均为今密云境的一部分，东向兴隆、平谷，西向怀柔，南向顺义，北向滦平、丰宁扩出。如后魏的安州属安乐郡（今密云县的燕落），所隶密云、白檀、要阳，南向顺义、怀柔，东向平谷，兴隆扩出。

明洪武元年（1368），省檀州入密云县，隶属北平府。今密云境界基本上是明、清时代定的范围。其间经清代至民国，县之建制未变。

1937年抗日战争全面爆发，密云沦陷。中国共产党及其领导的八路军挺进密云地区开展抗日斗争，在密云及其邻县边界地区建立抗日联合县。以潮河为界，密云县被分成两个地区：河西地区主要建有丰（宁）滦（平）密（云）联合县，河东地区主要建有承（德）兴（隆）密（云）联合县。解放战争时期，河西、河东分建乙化县和密云县。至1949年8月，河西、河东地区始重新合并，密云县原建制恢复。

中华人民共和国成立后，密云县隶属河北省通县专区。1958年4月，改属河北省承德专区。1958年10月，划归北京市管辖至今。

[1] 密云县志编纂委员会：《密云县志》，北京出版社，1998年。

二

美景今述，珍爱情怀

密云山多、水多、林多，自然风景旖旎，名胜古迹众多，是北京市具有鲜明特色的旅游区之一。

闻名于京津冀的云蒙山山势雄伟，沟壑幽深，飞瀑流泉，异石多姿，是北京郊区以潭、瀑、峰、石取胜的风景区。云蒙山林木茂盛，夏季平均气温比北京市区气温低7—8摄氏度，是避暑胜地；云岫谷内溪水潺潺，瀑泽相连，冰川漂砾，林木苍茫，极富自然美；遥桥峪水库有山，有水，夏季气候凉爽，是旅游、疗养、度假的好地方；古北口长城司马台段营造壮观，巍峨连绵，被喻为“奇妙的长城”“长城博物馆”，已成为参观、考察与研究中国长城的最佳地段。

密云雾灵山

密云长城

（一）寻幽览胜，古北口城

提到密云，人们最先想到的就是古北口村落。其文化、民俗旅游持续火爆，使它所包含的长城、寺庙、御道，以及朴实的农家院越来越受到游客的欢迎，并成为北京市民周末休闲旅游的重要目的地。

为了深入了解古北口村落及其战略地位，我翻阅了众多资料，游历文献之间，收获满满。

为了防御突厥、奚和契丹族，北齐开始构筑石砌长城并经过古北口，这条长城后来在北周、隋、唐不断修缮利用。从隋代起，古北口便成为长城燕蓟段的军事要地之一。唐代时，因古北口为唐幽州（今北京）之北长城重要关口而得名“北口”。唐在此设有北口守捉，屯兵驻守，凸显古北口为唐代2000里长城沿线军事重镇的地位。当时长城之外为奚族聚居区，所以古北口又称“奚关”。五代时的古北口又称“虎北口”[1]，对此，宋末元初的胡三省[2]在引注的《匈奴须知》中提到“虎北口至燕京三百里”。金泰和五年（1205）在古北口设置“北口城”[3]。元、明、清三代都曾定都北京，古北口因其地理位置和军事地位成为名副其实的京师北大门。元代在此设立“古北口驿”，明代设置古北口“千户所”[4]。

---

[1] 薛林平等：《北京密云县古北口历史文化名镇研究》，《北京规划建设》，2014年4月。

[2] 胡三省（1230—1302），中国宋元之际史学家，字身之，著有《资治通鉴音注》。

[3] 李东明：《古北口》（北京地方志·古镇丛书），北京出版社，2010年。

[4] 清代《读史方舆纪要》第五十七章记载：“密云后卫，在县东北百二十里，即古北口也。有城，周四里有奇，雄踞山巅，至为险峻。洪武十一年，置守御千户所于此。”

2005年作者在密云古北口考察

古北口古御道“古道雄关”

古北口古御道雄关

20世纪90年代初，我随北京大学地理系王恩涌教授到此考察过古北口古御道遗址。我们一行从城区出发，沿101国道，进入宁静的古北口小镇。

如今的古北口古御道遗址位于杨令公庙东侧一个很窄的通道，历史上是南来北往的必经之路。史料记载，它曾经是专为皇帝修的御道。明代，这里是边关防御的重要关隘，是京师锁钥；到了清代，这里又成了帝王承德避暑、木兰围场北狩和东巡时的必经之地，也因此有了穿村而过的古御道。这条御道建于清康熙年间，曾是清代皇帝往返北京、热河（承德）围场的专用道路。中华人民共和国成立后，特别是改革开放以来，为了发展旅游，重塑古道文化，对古御道进行了复修，建造了一座4米高的仿古牌楼，上有行楷镂金大字所书“古御道”3个大字。途经该村内的御道拓宽4米，长1500米，全部用花岗岩板铺成。

现如今，在古御道遗址旁新修建了通往承德方向的101国道，以及京承高速公路，山间的银色“巨龙”极为壮观。

古北口村旁的古御道蜿蜒盘亘，依山而建，排列着质朴无华的民居院落，在绿树掩映下，到处充满着乡土气息，袅袅炊烟间洋溢着花的芳香；雨水浸润过的古御道上，每一个角落都能看到留存的遗迹，它们都是岁月沧桑的印记。

从村中可远眺山峰上傲然屹立的长城烽火台，可近观小镇里静静矗立的杨家将庙。曾经烽火连天的边陲重镇，曾经的刀光剑影，金戈铁马，经过岁月的洗礼，如今成就了这个满民、汉民、回民相邻而居的多民族、多姓氏的安详的村落和宁谧的古御道。

密云古北口重峦叠嶂

古北口长城

古北口古御道

密云区长城段傲然屹立

1. 历史留痕

古北口镇地处要冲，为中原通往东北、塞北的锁钥重地，备受历代统治者重视。早在战国时期，燕国就在此筑墩设防以阻止东胡进犯。汉高祖刘邦建立汉朝后，在今古北口村北卧虎山下设立了厗奚县。汉武帝时期，又从黄河两岸迁移数万居民到此耕种、生活和经商，此地逐渐发展成为房舍紧凑、商贸繁荣的北方重镇。

为了防御突厥、奚和契丹族，北齐开始构筑石砌长城并经过古北口。古北口不仅峰峦环抱，山高势险，“更有这卧虎山、蟠龙山两山对垒，锁口封关，天然屏障，两山分界，各守内外，攻则难，守则易，成为军家必争之要塞”[1]。要塞的核心是卧虎、蟠龙两座山，两山南坡较缓，而北侧都是

[1] 郑云山：《密云风物史话》，北京旅游出版社，1989年。

密云古北口村落（组图）

陡峭悬崖，登山无路，入口处山狭路窄。

这条长城后来历经北周、隋、唐修缮利用。明洪武十一年（1378），明太祖朱元璋令徐达建古北口关城，徐达守军在北齐长城的基础上，对古北口一带的长城加砌石块以增强其防御能力，并加修关城、关口和烽火台等关塞设施，增修门关两道。从此，古北口和京西北的居庸关一样，成为明代首都的重要军事门户。清代，因古北口为清皇室前往承德避暑的必经之地，朝廷便于此修建御道，并在城外修建万寿行宫。因古北口是一条古御道，便留下了诸多帝王将相和文人墨客的诗文篇章。

密云古北口卧虎、蟠龙两座山

当年的长城戍边，曾让这里成为众多关注的焦点。村北蟠龙山为古北口封口锁关的两大屏障之一，其上长城以保持历史原貌而著称，将军楼和24眼楼是这段长城建筑的精华所在。现如今，古北口景区内除明代长城外，还有北京市最古老的北齐长城，而众多的庙宇古迹，又让这里成为名闻京畿的旅游胜地……

2. 村落格局

说到古北口村，总让人想起千年古镇古北口，也难怪古北口村和古北口镇是密不可分的，因为古北口镇或者说古北口的老城就建在村域内。

古北口镇依山而建，背山面水，山脉与河流为古镇提供了天然的屏障。其地属燕山山脉，海拔200—400米，坡度5—50度[1]，峰峦环抱，东有蟠龙山，西有卧虎山，坡度较陡，山体变化较大，沟壑纵横，交错分布；南接青峰、叠翠二岭，山壑中古木参天，林深泉清；潮河北来，山谷洞开，冲积而形成的河谷平地为居民提供了居住、耕作的土地。

历史上，古北口村域曾经有一座城，名为北口城，属于军事集镇，为明初徐达所建。这座城只有东、南、北3座门。原来古北口城依山势而建，确切地说，古北口城筑在潮河东岸、南北两山之间，南面城墙在长城南面的山顶上，东门和南门都设在两山之间的小河岸上。最有意思的是北门，北面城墙顺山就势利用北齐长城修建，建城门时，把城洞和两侧的长城拆掉，凿下山岭十几丈，成为一个山口，这就是北门了。北门外修了一座瓮城，瓮城的城墙左右和长城衔接，也就是长城被当作了城的一部分，从而形成了一座特殊的“城（长城）上之城”（古北口城）。

---

[1] 戴俭：《密云县古北口历史文化保护区保护规划》，《世界建筑导报》，2005年5月。

密云区长城段——24眼楼

密云区长城段——24眼楼内景

古北口旧城内因地势狭窄，除官署外，为少量军政人员家属的住宅。普通老百姓都聚居在东门外的东关，南门外的南关。随着战事减少，军事功能弱化，大量的老百姓搬迁到北门外（今古北口镇）地势较为开阔平坦的沿河地带，加之此处是商贾必经之地，从而形成了后来的商业集镇。古北口镇有河东村、河西村两个村庄，被潮河分列东、西两边。河东村现名为古北口村，河西村名称沿用至今。

今日的古北口村还留存有许多传统建筑。受浅山区地形条件限制，村子沿潮河流向延展，其道路由一条南北主街和与之相连的众多东西向次要街巷构成，即鱼骨状格局。村中院落顺应自然地形，呈自然式平行等高线分布，围合有序。院中建筑多为坡顶砖石墙，鳞次栉比，风格质朴、灵活，颇具古建筑风味。其中具有代表性的有民居建筑和庙宇建筑，这些村

密云古北口村落山峰环抱

落建筑主要集中分布在北关口以北。

（1）民居建筑。村落中大部分民宅顺潮河排列，并沿主道纵向延伸，随地形灵活营造。民宅采用砖、石墙将正房、厢房围合成两进或三进院落。其正房坐北朝南，面阔多为三间，两侧时有东西厢房，有些则无。另外，其区别于北京传统的四合院，多数院落没有耳房。通常院落之间采用围墙将相邻两家分隔。院落进深随地势灵活变化，入口处大多采用石材坡道、台阶的方式有效地解决了地形高差进出。

其一，民居大院。民居大院最为典型的要数白家大院、赵家大院等。白家大院位于村落里，据说它始建于清代，是古北口村中历史最为悠久的民居建筑。原主人姓白，开设镖局。[1]白家大院属于传统四合院形制，前

密云古北口城关

[1] 口述来源：白家大院现居老人宋有权，1943年生。据《北京地方志》（李东明著，北京出版社）记载，该院清代名为“段家大院”，未有定论。

密云古北口城洞

院正房面阔四间，东西厢房面阔三间；有后院，倒座面阔六间；入口设在西南角，进门为做工考究的照壁。院内住宅建筑为砖石木混合结构，建筑材料均产自当地。民居建筑窗台下部以石材砌筑，为特有的虎皮石墙纹理；窗台以上用砖砌筑，采用白灰和米汤勾缝，充分体现“磨砖对缝”与“错缝搭接”的砌法工艺，凸显墙体的坚固稳定。

其二，道口大院。道口大院位置特殊，处于街道尽头，正对东西向的道路，即两条主干道交叉路口，并因此得名。其格局为四合院形制，入口设在东南角，进门有矩形小院落，加设二道门，斜穿门洞进入院子。院中有正房面阔六间，东厢房面阔三间，西厢房一间，倒座面阔三间。在入口处以照壁遮挡，增加了院子的私密性。大门处有抱枕石。院中斜向步道直通正房，步道右侧有砖砌正方形花坛，整体院落体现了文脉传承。

密云古北口村落传统四合院

密云古北口村落传统四合院外景

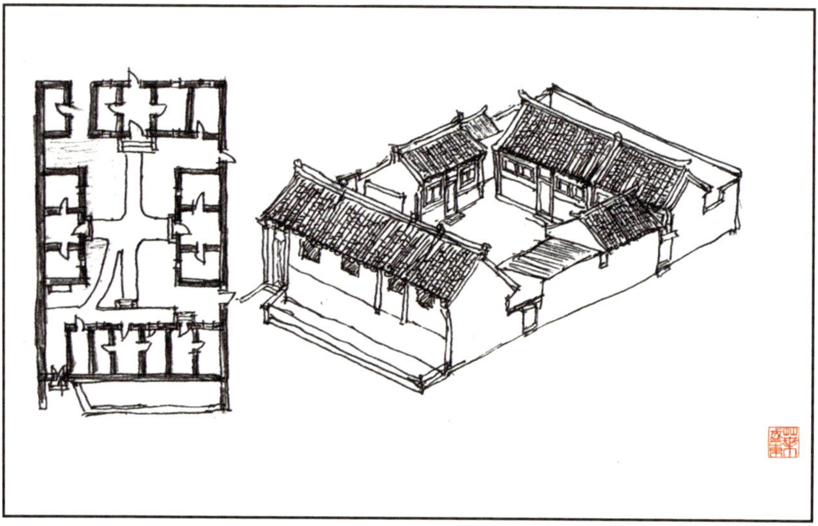

密云白家大院平面图与效果图速写

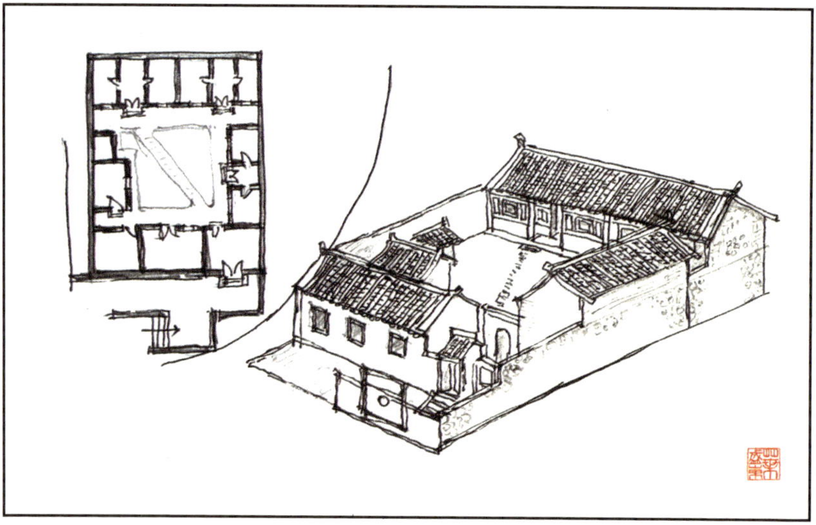

密云道口大院平面图与效果图速写

密云古北口村落传统民居建筑

密云古北口村落传统民居院落

密云古北口村落传统四合院民居

（2）庙宇建筑。据记载，在古北口村有庙宇26座。现存的（包括复建的）一共有8座，分别是令公庙、二郎庙、关帝庙、龙王庙、药王庙、财神庙、娘娘庙、玉皇庙。财神庙在中华人民共和国成立后一直作为村里的仓库，所以得以保留下来；关帝庙的戏楼曾作为演戏和村里开大会的场所，也被保留了下来；其他庙宇均是后来复建的。当地民谣中所说的“两步三座庙”是指药王庙、圣佛殿、龙王殿，三庙均始建于明代。进药王庙，药王殿前东有一个角门，进角门往北是圣佛殿，往南是龙王殿，三庙紧密相连，浑然一体，景观独特。

其一，杨令公祠。人们习惯称其为“令公庙”或“杨家庙”。其坐落在密云北50千米处的古北口河东东门里。坐北朝南，分为前后殿，前殿山门上竖着一块匾，匾额上有“杨令公祠”4个金黄色大字。山门两侧的墙壁

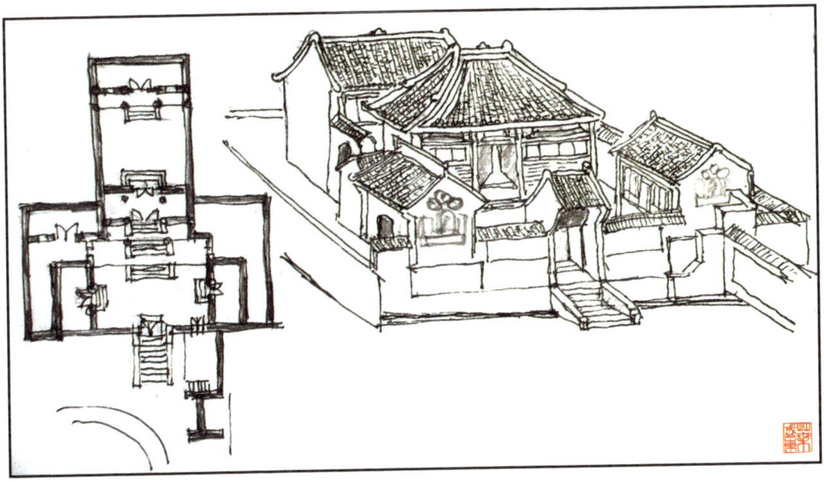
密云令公庙平面图与效果图速写

上写有8个大字，“西壁上写‘威镇边关’，东壁上写‘气壮山河’”[1]。

杨令公祠始建于辽太平五年（1025），至今已有990多年的历史。整体建筑坐落在古北口村北门山坡，坐北朝南，为前后二进院落。其格局采用“前朝后寝”，第一进前朝院落为三合院，第二进后寝院落只设后殿。前院为令公祠，正殿为庑殿顶建筑，面阔三间，供奉着杨令公与其8个儿子的塑像，同时还“有一匹泥塑的白龙马，活灵活现，栩栩如生，似腾空而起”[2]，室内格局大体保留了早期建筑样貌。后院中后殿为硬山双坡顶建筑，面阔三间，殿内供奉着佘太君等杨门女将，两侧山墙上的壁画讲述的是杨家将的传奇故事。关于这座庙的故事很多，其中最为传奇的是20世纪20年代，冯玉祥将军驻军古北口，捐资重修令公庙，并亲笔题写了一副楹

[1] 郑云山：《密云风物史话》，北京旅游出版社，1989年。
[2] 曹景洲：《北京古迹传闻》，北京燕山出版社，2004年。

密云古北口村杨令公祠

密云古北口村杨令公祠内景

联，上联是“何须执笔抒中愤”，下联是“自由公平在世人”，横批“真正无敌”。[1]

其二，药王庙。药王庙建筑群包括药王庙、关帝庙、观音庙和龙王庙。现存关帝庙山门戏楼为历史建筑，其余为后世重建。1983年，药王庙被公布为密云县文物保护单位。药王庙建筑群依山势，靠城墙，建于北口城门外。东侧地势高，建有观音庙和龙王庙；西侧地势低，建有关帝庙、药王庙，山门东西两侧通过高坎的台阶联系。山门戏楼有两层，二层为戏台。

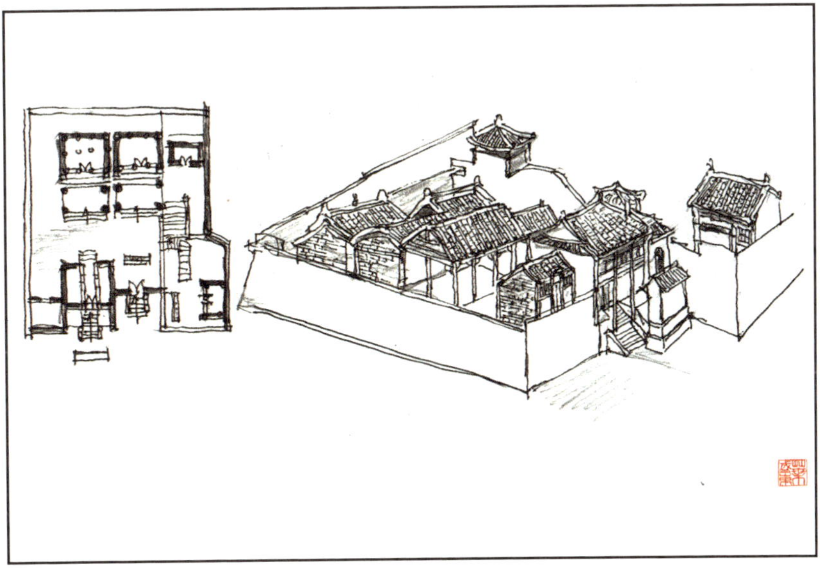

密云古北口村药王庙平面图与效果图速写

[1] 政协密云区学习与文史委员会：《密云文史稿　传统村落专辑》（第38期），2017年。

密云古北口村药王庙（组图）

其三，财神庙。财神庙位于河东南山坡上，始建于清道光元年（1821），为一独立庙院。1996年，财神庙被公布为密云县文物保护单位。入口为砖筑门楼，院内有正殿面阔三间，里面供着3尊财神爷，即文财神比干、范蠡和武财神关羽。

现如今，在古北口村令公庙附近还留有一口井，井口的直径为成年人的一大步，井口有一个石井盖，上有3个眼儿，每个眼儿打上来的水味道都不一样。传说，乾隆帝去避暑山庄途经此处，听纪晓岚讲这口井旱不减，涝不增，便亲口尝了一下，果然味道不同。从此之后，每逢庙会，十里八村的人都会来此排起长队取水畅饮。

另外，密云区有许多“名人”。大致可以分为3类：一是与古北口村相关的人物，如燕昭王古北口设墩台、武则天古北口设守捉、辽圣宗建杨业祠等；二是来过古北口的人物，如徐达修建北口城、戚继光修长城、冯玉

密云古北口村古关

密云古北口村落新景象

祥驻军古北口等；三是从这里走出去的名人，从古至今，无论是来过古北口的还是从这里走出去的名人，可用“众多”来形容。有人说，这里前有卧虎山，后有蟠龙山，是个藏龙卧虎的地方。

自21世纪以来，古北口村已经开发成闻名京畿的民俗旅游村。古北口村先后被评为“北京最美的乡村”“中国最有魅力休闲乡村”“中国传统村落”等。历经千年的文化底蕴、独具特色的秀美风光、古色古香的古村民居，吸引着络绎不绝的游客前来旅游观光。

（二）戍边城堡，吉家营村

在密云区东北部新城子镇南部，有一座与北京北部戍边长城具有紧密关系的浅山区村落，名为吉家营村。明万历年间，朝廷在这里建营屯兵，此营为有城墙的方形堡寨——城堡。它属于当时北方防卫外族入侵的长城防卫体系的有机组成部分，也是密云戍边城堡村落和京郊极具代表性的密云浅山区村落之一。

吉家营村位于密云区新城子镇安达木河南岸，处在距离新城子5千米的一条东西走向的山谷之中。其附近有自然景观优美、生态系统多样的雾灵山。吉家营原名吉家庄，是一个由戍边城堡发展起来的村落，村内至今还保留有古树、碾盘和明代的关帝庙。吉家营村内城28户主要为翻新建筑，但是原有院落肌理依旧保存完好。

1. 村落溯源

吉家营坐落在雾灵山西北麓，隶属密云区新城子镇，是一个从戍边城

密云吉家营村游览线路图

密云吉家营村落平面图与效果图速写

堡发展而来的村落。

吉家营村规模不大，最吸引人的地方是村落与周围环境的和谐之美。它与周围山川水系自然景观，以及长城景观巧妙地融为一体。其西面是雄伟的长城，东面较为宽阔，通二道关；北面为安达木河，南面为山地。站在吉家营城墙上，或走在村落小巷里，不经意间就会瞥见四面层次丰富的长城景观。尤其是夕阳西下之际，余晖映照，恰如剪影。

为了了解吉家营村历史，我曾翻阅许多历史文献资料。明代万历年间编印的《四镇三关志》中各路营城堡上记："吉家庄营城堡一座，洪武年建。"由此便知，在明朝初年这里便建起了城堡。明末清初的《昌平山水记》载："吉家庄堡提调一人守之。"而清晚期的《光绪顺天府志》记载，距密云县治"一百二十五里吉家营城，把总驻焉"。提调与把总有着级别差距。另据《密云县志·卷一之三·舆地图说》中的一张曹家路城基图载，

密云吉家营城堡东门

“曹家路城共管辖包括吉家营在内的堡寨十二处”[1]。因为这里地处要隘，明代设置提调署，清代设有把总署，就建在原来明代的管理机构基址上。

吉家营城堡与长城城墙一起组成了长城军事防御体系的第一道防线，以防御敌人的攻击为主，必要时还可主动出城迎敌，成为长城攻防战中的主战场。另外，吉家营城堡属于修筑在长城线以外的城堡，其主要功能是屯兵戍边，在前线防护兵力不足时及时补充兵力。

如今，随着城堡军事作用的消退，这里已由最初的防御设施逐渐演变为浅山村落。当然，城西门横额上刻的“吉家营”3个字还依稀可见，吉家

[1] 李春青等：《北京密云区吉家营村戍边堡寨聚落特色研究》，《中国名城》，2019年第4期。

营的村名也延续至今。

2. 村落肌理

明代修筑的长城包括墙体、堡寨、关隘、烽火台、敌楼等，是多项防御工事联合组成的完整性防御工程体系。密云浅山区有很多沿长城边墙的堡寨形成的驻兵居所，吉家营村就是属于“曹家路城管辖下的第五级屯兵城，是曹家路城的后防，临近司马台长城”[1]。明代长城堡寨通常为规模较小的屯兵城，具有很强的封闭性和围合性，而吉家营的与众不同之处恰恰是其自身魅力所在。不难看出，吉家营城堡建筑格局极佳，位置也较为隐蔽，受外界影响较小，较好地保留了历史遗迹。

吉家营堡寨依山面水，通过天然防卫环境获得防御优势。其整体堡墙轮廓呈矩形，“南北长约240米，东西宽约165米，面积约3.69公顷。……堡墙宽约6.5米，堡墙外用大青砖砌筑，内部为大块石块砌筑，中间填土”[2]。其“底部平铺青石，之上用青砖抹白灰嵌缝”[3]。虽历经400多年的沧桑，部分城墙至今仍巍然屹立，可见墙体结构的坚实。这种很厚的围合性堡墙除了抵御外敌，平时还有抗洪防灾的作用。

吉家营堡受地形影响将堡门设在了东西两侧，道路也因门而东西设置。由此，堡寨墙的东西两侧各有一座堡门（2006年曾经进行修缮），“东侧堡门宽4米，高6.07米，通高8.6米，门洞上刻有‘镇远门’；西侧堡门宽4.34米，高6.55米，通高8.45米，门洞上刻有‘吉家营’”[4]。

[1] 李春青等：《北京密云区吉家营村戍边堡寨聚落特色研究》，《中国名城》，2019年第4期。

[2] 同[1]。

[3] 政协密云区学习与文史委员会：《密云文史稿　传统村落专辑》（第38期），2017年。

[4] 同[1]。

从今天吉家营堡寨所遗存的建筑构件看，堡墙的选材主要取材于当地的石材、黏土砖。这种坚固的防御体系，加之墙体上的“藏兵洞、射击孔、瞭望窗及垛口等”[1]，使吉家营城堡的防御固若金汤。

（1）曲尺街道，迷宫村落。与大多数村落相比，吉家营没有奉行中规中矩的布局原则，除了两条与城门直接相对的主干道之外，城堡中还存有众多依山就势而建的巷道，错落有致，但宽窄和朝向却少有相同。

村内除了上面提到的防御措施外，最独特的就是连接东西两个堡门的曲尺形街巷了，这在一般的村落中极为少见，其目的是构成迷宫阵以利于巷战。

具体而言，吉家营村落内主要由连接东西两座堡门的3条街道，即大街、前街、后街组成。大街正对东堡门，前街正对西堡门，后街偏南，推测为后来形成的。堡寨内的街巷曲折相连，街道的宽窄与路口的曲直变化形成

密云吉家营城堡西门横额上刻有“吉家营”

[1] 政协密云区学习与文史委员会：《密云文史稿　传统村落专辑》（第38期），2017年。

密云吉家营城堡墙体

复杂的道路网，从而增强了堡寨内部的防御性。

尤为称奇的是其两城门并不相对，而是错开一条街道，确有独具匠心的营造风格。正如村中百姓所讲，村落格局出于战略考虑，便于分开把守，以利安全，更重要的是考虑到内部人员的安全。当年在建设堡门时，建村落者特意将东西两座堡门相互偏离，东门偏向北，西门偏向南，这样如果敌人进攻堡寨的话，无论从哪边堡门攻入，堡内居民和官兵撤离时，都可以在曲折的巷道中和敌人周旋，从而争取御敌时间。如此巧妙构思，成了吉家营城堡的点睛之笔。

吉家营村落内南侧预留了农田作为耕种用地，而将民居和院落多集中在城堡内的村北、村东和村西，这样即使被敌人围城数月也不会断粮断草。

我曾经行走在吉家营宽窄不均的小路上，仔细品味着村落的古朴与典雅。村里保存着大量风貌独特的明清风格式样的建筑，而且大部分都有

密云吉家营城堡街巷

百姓居住，“层次分明的村巷、卵石堆砌的墙裙、用棍子支起来的木窗……陪伴着世居堡中的村民”[1]。

综上所述，吉家营村落如此布局，既体现出中国城堡内部村巷的传统格局，又具有极强的防御功能。难怪当地百姓骄傲地说：“我们的街道就像一张千变万化的大网，错落起伏。不熟悉路况和地形的外人一旦进入，很难辨别方向，更别说闯出去了。”这番话，正是对城堡村巷道路防御功能的通俗诠释。

（2）民居形态，乡土气息。早期，吉家营村落的民居多为简单的院落式，即正房前为不足一人高的矮墙围合成方形院落，院门开在南院墙中

[1] 政协密云区学习与文史委员会：《密云文史稿　传统村落专辑》（第38期），2017年。

央，具有一定的外向性特征。院落布局多借助南高北低的地势，采用坐南朝北的布局。后期许多村民在院子中加建了东西厢房及倒座，组合形成三合院或四合院。民居建筑多为单层硬山顶，采用“一堂二内”的平面布局。

如今，人们还能看到留存价值较高的多进四合院式古民居，建造精美。以保存较为完好的郝家大院为例，据说主人是当地的地主，其整体为四合院格局，青砖砌筑，磨砖对缝，建造技术精美。临巷道大门保存有两个巨大的雕刻精美的上马石，石头旁边就是条石砌的台阶。大门内有一座砖砌影壁墙，砖雕精细，雕有葡萄、石榴、佛手、柿子等吉祥图案。影壁左右各有院门一座，其中右侧的门口有一对石质方形门墩，上面刻有佛手、竹子、仙鹤、菊花、甜瓜等，寓意吉祥、平安长寿、多子多福，展现了吉家营村落乡土文化的深厚与质朴。

民居住宅除了使用河床中的卵石和山上的毛石，就是烧制的灰砖块。这些材料成了吉家营主要的建房材料。在建筑山墙转角、屋顶起坡等承重部位时，多采用青砖砌筑，其他部分诸如基础等均填充卵石或毛石。当然，用砖砌出的山墙大都为空心墙体，即空斗墙，而空心墙体中填充卵石或毛石，形成地方特色的“五花山墙”。[1]另外，住宅屋顶多采用双坡顶、干槎瓦屋面和蝎子尾屋脊。正房和厢房的前檐窗下墙，采用毛石砌筑，形成虎皮石纹理，即虎皮墙，极具特色。

吉家营村民居还保留了大量的传统文化元素，例如，西堡门外左侧还留有一青砖矩形墙门，门中有砖砌拱券洞门，洞口上部有白灰抹的方形匾额，上书黑色隶书“里仁为美”。“里仁为美”出自《论语》：“里仁为美，择

[1] 《中国建筑史》编写组：《中国建筑史（第二版）》，中国建筑工业出版社，1986年。

不处仁，焉得知？”意思是居住在有仁德的地方才是好的，选择住处，不住在有仁德的地方，那怎么能说是聪明智慧呢？由此可见，这里的村民虽然地处偏远，但是却有深厚的文化追求。里仁为美，好名字，好意境。

由于风雨侵蚀和战火摧残，吉家营村落内传统民居已残存不多。如今，人们很难见到映日交辉的画楼绣阁、寺院古刹，也看不见旧日的千般绮丽、万种繁华。但这并不影响人们在这里临风怀古，叩问沧桑。作为留存遗迹，只要它有足够的历史积淀，无论这一遗迹留存多少实物，都可以显示出独特迷人的魅力，唤起人们深沉的兴废之感，吸引人们循着荒台野径、败瓦颓垣，去探寻昔日的辉煌。

密云吉家营西堡门匾额“里仁为美”

04 村落林田，生态之基

一

农耕文化，田园生境

（一）肥田沃土，生产之本

我认为“山水林田湖草”，即“山贵如骨，水贵似脉，林贵有皮，田贵是食，湖贵为源，草贵属毛”之意。自古，人得万物赖以生存，“山水林田湖草”作为人居生存要素，时刻都与传统文化堪舆相地紧密联系。中国人把“山水林田湖草”作为一个生命共同体，其真谛为“人的命脉在田，田的命脉在水，水的命脉在山，山的命脉在土，土的命脉在林草”。人们在建造村落、寺庙、宅地等时，首先看重的是相地，它是人类建设赖以生存家园的极其重要一步。《管子》提出了因地制宜的选址思想：“凡立国都，非于大山之下，必于广川之上。高毋近旱而水用足，下毋近水而沟防省。因天材，就地利，故城郭不必中规矩，道路不必中准绳。”[1]

密云浅山区梯田错落，举目远眺，远山近水相映成画。这种乡土田园景色与北方传统农耕文化融合至深，与南方处处水稻农田的景象形成鲜明对照。其独特的“山水林田湖草”，为当地百姓提供了生存之本。

人们在村落营建过程中，留存了大量农田和菜园，特别是住宅屋前屋后都种植有林木果蔬，可以说，村落与农业生产空间紧密相连。村落包含了人们对自然的生产性利用，融入了农耕劳动，具有无限生命力。

[1] 李山译注：《管子》，中华书局，2009年。

文献记载，历史上的密云是农业大县。密云的农业包括种植业、林业、渔业、畜牧业等多种类型。

受地形地貌影响，密云的农田主要分布在西南部冲积平原区，此外，浅山区农田分布较少且不集中，主要围绕村落周边分布，而平原、丘陵区的农田集中分布在密云水库北部的平原地区。

村落周边农田大都以生产性农田为主，这也形成了浅山区村落田园风光有别于城市绿地和公园绿地的关键。这种生产性农田的形成离不开人们的劳作活动，与人们的生活息息相关。由于浅山区独特的地形地貌，形成了各具特色的生产农田。可以看出农业生产是村落生活之本，也是村落农田景观的一部分，更是人类在大地上劳作所留下的烙印，是因地制宜发展农耕文明的结果。

密云村落田园生境

受地形影响，山下平原农田耕作主要为水田及旱田，水田主要种植水稻，旱田以小麦、玉米、小米、花生、芝麻和向日葵、蔬菜等经济作物种植为主；山区农田则大量分布着北方典型的旱梯田景观，以干石堆叠成挡土墙，主要种植板栗、核桃等坚果树及山楂、柿子、枣等果树经济林。如今，密云区已培育出“康顺达蔬菜”“云岫苹果”“潮河果业”“绿润板栗”等10多个农业知名品牌[1]。

1. 周边农田

（1）平原农田。平原区的村落周围为大量农田，一般呈矩形或正方

密云平原农田

[1] 张艺功等：《北京生态农业发展现状及对策——以密云区为例》，《农业展望》，2019年第6期。

形。其四周边界土地较为规整，场地开阔，加之村民长期以农业生产为主，灌溉设施齐全，所以规模较大，且常集中分布。

平原农田地处潮白河以西平原地区，以及阶地、低丘。这里地势平坦，光照充足，水利条件好。一是粮油并重平原区。该地区处在平原沙地与阶地轻壤土过渡地带，有宜粮的壤质土和宜油的沙土。村落包括西田各庄、十里堡、河南寨、卸甲山、密云镇等。二是粮食为主的平原地区。该地区地势较平缓，土层较厚，水热条件较好。因地处村落周围，生产条件优越，科技水平较高，为粮食单产效益最高地区。村落包括溪翁庄、穆家峪、巨各庄、密云镇、檀营、河南寨、卸甲山。

（2）山区梯田。密云浅山梯田主要分布在低山、丘陵山腰、河谷一侧，或者在河流周边。其顺应地势高程与走向，为了防止水土流失，在靠

密云浅山区农田与果林

近山脚处开垦阶梯错落式田地。另外，这些梯田一般分层修筑，每层高度不等，边缘筑有护坡或挡土墙，材料均取自周边山体石块，由此提高了土壤的蓄水保土作用，为农作物的生长提供了有利条件。

大部分梯田依山面水，属阳光充足的福地，非常适宜农业生产。当地农民大都种植玉米、谷子、土豆等农作物，有时也利用满山的野生荆和茂密的青草养蜂、牧羊。例如，冯家峪镇白马关村和古北口镇古北口村，两村分别位于密云西北部及北部的中低山区，山体陡峭，可用耕地稀少，农

密云山区梯田

密云浅山区梯田

田呈小面积带状，山区梯田主要分布在山脚处的村落边界。再比如穆家峪镇上峪村，该村位于密云东南部丘陵区，水系从村西穿流至村东，孕育了周边肥沃的土地，加上水系南侧是山体，村民借助地势在此修筑了山区梯田。

（3）低山梯田。主要地处石城乡、四合堂乡、番字牌乡、冯家峪乡、半城子乡、上甸子乡、东庄禾乡、新城子乡和大城子乡。以种植林果为主，盛产鸭梨、板栗等。当地人勤劳勇敢，在此开辟层层梯田，形成田包村的格局，将人的生产、村落与自然紧密地结合在一起，成为浅山独特的环境特征。

（4）丘陵梯田。主要地处溪翁庄镇、巨各庄镇、太师屯镇、古北口镇、不老屯镇、东邵渠镇、穆家峪镇、北庄镇和高岭镇。以种植果树为主，主要盛产红肖梨、核桃等。

2. 宅地农田

密云浅山区除了成片、成块的田地外，为了满足自身的生活需求，许多村民都有在自己家门口圈地种田的习惯，久而久之，就形成了一种独特的农田类型。

（1）宅旁田地。主要是指分布在民宅前后空地、左右两侧，以及民居院落入口处的长条状或方块状的小块田地。这些田地通常零散分布在耕地条件较差的西北部中低山区、北部的丘陵区。

地处密云水库北部水源保护区的村落，受自然条件及水源地保护等方面影响，可用耕地较少，为满足自己的生活需求，村内各户居民几乎都在自家院旁或住宅前后圈地种植各种农作物和蔬菜。而村落外围的土地一般用来种植经济林，以增加日常收入。除此之外，在耕地较少的山区民宅也

密云村落宅地农田

有这样的种植习惯，如冯家峪镇白马关村以及古北口镇古北口村，只不过受地形限制，圈地种植的面积较小。

（2）庭院田地。在小巧的庭院空间中，院落主人常常充分利用房前房后及墙边墙角之间的空间开辟小块田地，这些田地呈现为规则或者不规则形式，种植一些日常食用的蔬菜、瓜果等。另外，院落主人为了美化自家环境，也种植一些自己喜爱的花木，以陶冶情趣。

随着农村旅游业的发展，许多农家小院转型成农家乐，院落中不再有宅田，取而代之的是供游人用餐的餐桌，但仍然有很多院落保留了原有的宅田。

（二）庄禾屯村，乡土浓厚

密云四季分明，环境优美，具有生产无公害绿色农产品的最佳条件，统计资料显示，2009年，密云农、林、牧、渔总产值为36.9亿元。其中，农业产值为12.55亿元，林业产值为3.87亿元，牧业产值为19.32亿元，渔业产值为0.76亿元，以及农、林、牧、渔服务业产值为0.4亿元。形成以奶牛、肉鸡、柴鸡、蜜蜂为主的绿色养殖，以板栗、名优鲜果为主的特色林果，以无公害蔬菜、有机杂粮、花卉为主的特色种植三大主导产业。建成市级农业标准化生产基地225个、有机食品基地7.8万亩、绿色食品基地6.5万亩，设施农业总面积1.2万亩；以板栗、苹果、梨为主导的果品基地45万亩（其中板栗30万亩）；芦笋、红薯、糯玉米、食用菌等特色种植产业基地达到5万亩；奶牛存栏2.2万头，肉鸡年出栏3600万只、柴鸡存栏270万只，年商品鱼总产460万千克。

1. 农业为主乡村

主要集中于西南部平原，“密云镇、河南寨、西田各庄、十里堡、檀营5个乡镇及密云水库南的溪翁庄镇、卸甲山乡、穆家峪乡的部分地区共110个村”[1]。这些乡村地貌为阶地、低丘，地势平坦，光照充足，水利条件好。

（1）油料为主乡村。大都分布在潮白河以西的平原地区，包括“西田各庄、卸甲山、十里堡3个乡的31个村”[2]。其多为沙质土壤，适宜种植花生，为油料产区。

（2）粮油并重乡村。集中在“西田各庄、十里堡、河南寨、卸甲山、密云镇等5个乡镇29个村”[3]。其处在平原沙地与阶地轻壤土过渡地带，有宜粮的壤质土和宜油的沙土，耕地土质好，生产条件优越，是商品粮油的集中产区。

（3）粮食为主乡村。地处密云水库以南山前阶地和低丘地带，包括“溪翁庄、穆家峪、巨各庄、密云镇、檀营、河南寨、卸甲山7个乡镇的50个村”[4]。其地势较平缓，土层较厚，水热条件较好，为全区粮食主产区。

另外，密云区最具特色的金叵罗谷子，即小米，曾经是密云传统粮食作物。密云历史上曾以旱田为主，谷子抗旱能力强，土地适应性强，小米营养丰富，是五谷中的细粮。

溪翁庄镇金叵罗村的土质好，是大黄土性质，土质肥沃，能抗旱，最适宜种谷子，是谷子的主产地。金叵罗村平平常常的年景，一亩地能产

[1] 密云县志编纂委员会：《密云县志》，北京出版社，1998年。
[2] 同[1]。
[3] 同[1]。
[4] 同[1]。

五六百斤[1]谷子，在旱田中可谓高产。金叵罗村的谷子不但产量高，而且小米质量好，色泽金黄，做出饭来喷香利口，柔软烂糊，易吸收，好消化，营养丰富，富含粮食油质和多种维生素，是产妇最好的补养食物，更适宜给久病体弱者增补营养。金叵罗小米，盛米的口袋都浸透出黄色的米油痕迹，煮出小米粥，碗里漂浮着油珠，做出小米干饭，盛饭的碗也泛着油光。据说金叵罗小米曾是贡品，在北京地区颇有名气。

密云金叵罗谷子

2. 农主牧辅乡村

主要集中在“密云水库以东，北自上甸子，南至东邵渠的丘陵、阶地

[1] 1斤等于500克。

及安达木河流域的低山河谷地区的10个乡镇102个村”[1]。这部分地区山体浑圆，河谷开阔，农田有较好的灌溉条件和机耕条件。

如在密云水库东南部、沙厂水库以西以南的穆家峪、巨各庄、东邵渠3个乡镇的28个村，壤质为淋溶褐土，光热充足，农田比较平缓，土层深厚，适宜机械耕作。除东邵渠镇水源不足外，其他地方灌溉条件较好，适宜农、林、牧综合发展，为全区人均粮油、商品粮最高产区，也是红果和柿子的主产地。

又如，在清水河、潮河入库口附近的阶地上的高岭等村落，地处丘陵，光热充足，耕地土质好，水利机械化程度和科技水平较高，是库北粮食主要产地，牧业以养猪为主。

再如，集中于“安达木河流域，包括新城子、东庄禾等4个乡镇的25个

密云村落村民喜获丰收

[1] 密云县志编纂委员会：《密云县志》，北京出版社，1998年。

村”[1]，山体一般顶部陡峭，下部平缓，河谷开阔，阶地土层较厚，多为壤质褐土。地表水较丰富，水浇地水源有一定保障，适宜粮食生产。

3. 果主乡村

主要集中在密云水库南大城子果区、库北黄土坎及其周围果区，即“大城子、不老屯、冯家峪等3个乡的26个村”[2]。果林生产率居密云之首，林业产值列各业之首。

密云浅山区果林地

（1）以果为主的大城子区。包括大城子乡中的18个村，为全区红肖梨、核桃的重点产区。

[1] 密云县志编纂委员会：《密云县志》，北京出版社，1998年。
[2] 同[1]。

（2）黄土坎鲜果区。位于不老屯、冯家峪乡等8个村。主要为丘陵、阶地，土质以沙质淋溶褐土为主，适宜梨树生长，是著名的黄土坎鸭梨主产区。

4. 农牧乡村

分布在低山区，包括10个乡镇47个村。其山场森林植被遭破坏后成为荒山牧场，牧场生产率较高。

如集中分布于“石城、冯家峪、四合堂、不老屯4个乡镇沿白河、白马关河两侧的16个村”[1]，属低山河谷地区。山体陡峭，河谷狭窄，畜牧业产值高于种植业产值，同时也是板栗产区。

又如，位于北部低山区，包括“不老屯、半城子、上甸子、古北口、太师屯5个乡镇的24个村”，是土层薄、裸岩比重最高地区。畜牧以养猪为主，养羊为辅。

再如，东邵渠镇7个村，面积11.73万亩。位于石灰岩低山区，可用地表水少，地下水深，水资源缺乏。耕作粗放，广种薄收。山场面积大，土层较厚，草质好，畜牧业以养猪羊并重。

5. 牧主农（林）辅乡村

包括密云区东西两侧中低山区的12个乡镇51个村。人少、山高、面积大，天然林保存较多，草场质量好。畜牧业以养羊为主。

（1）牧主林辅乡村。主要分布于“云蒙山、大洼尖山为主的中低山区，包括卸甲山、石城、四合堂、冯家峪、番字牌等乡29个村”[2]。山体陡峭，河谷狭窄，山前为多雨区，水土流失严重，时有泥石流发生。天然林

[1] 密云县志编纂委员会：《密云县志》，北京出版社，1998年。
[2] 同[1]。

和萌生丛面积较大，是全区杏、核桃、桑蚕的主产区。荒山面积大，畜牧业以养羊为主，远山草场还未充分利用。

（2）牧主农辅乡村。包括雾灵山区的新城子、东庄禾乡25个村。地处中低山区，气候湿润冷凉。植被较好，水源缺乏，耕地多为旱田，畜牧业以养羊为主。

（3）牧主农辅中山区村。主要集中在“北庄、大城子、巨各庄、穆家峪、太师屯5个乡镇19个村”[1]。山体陡峻，土层薄，裸岩多，缺水干旱，多为旱田。

二

林草茂盛，生机勃勃

（一）岁月留痕，古树名木

据《史记·货殖列传》《汉书·地理志》等史书记载，战国时期北京地区到处是林木。《昌平山水记》中也说：“昔苏秦说燕文公以其北有枣栗之利，谓之天府。而今密云多枣，小而坚致，北人重之。”确实，燕山山脉的板栗树和枣树很多，至今这一地区的栗、枣仍享有极高的声誉。

秦、汉时期，北京地区林草茂盛，生机勃勃，特别是森林很茂密。北

[1] 密云县志编纂委员会：《密云县志》，北京出版社，1998年。

魏郦道元在《水经注》中记载，居庸关一带仍然“山岫层深，侧道褊狭，林鄣邃险，路才容轨，晓禽暮兽，寒鸣相和”[1]，从其描述可以想见，当时北京群山重峦叠嶂，苍翠树木长满山冈，风光秀丽，引人入胜。

辽、金时代，北京成了政治、经济中心，同时对森林摧残日益加重。辽代自获得燕云十六州后，圣宗、道宗等统治者曾先后颁布旨意，宣布解除“山林之禁”，允许老百姓入山砍伐森林。将山地开辟为农田，森林自然受到破坏，面积逐渐减少。

元代，据说为大规模破坏北京地区森林的朝代。《热河志》记载，“辽、元以来古树略尽”，但偏远山区还有原始森林。清初，顾炎武在《昌平山水记》中谈到燕山这一时期林木尚多，林木依然茂密，道路难行。当时太行山北段（包括北京西山）森林也还很多。另外，明代北京地区森林急剧减少，与明代大兴土木及人口骤增有关。明初，元大都改扩建，突出皇宫建筑群，前后历时14年，“直接参加宫殿施工的工匠有23万人，民夫上百万，还‘以十万众入山辟道路’”[2]，从外地采伐调运木材，并未就地取材，因此北京地区森林得以幸免。

清光绪二十五年（1899），朝廷曾经劝民栽桑植树，前栗园、金叵罗、石匣等地前后植桑树20余万株。清军入关后，森林锐减，当时皇帝陵寝周围的树木被砍得精光，其余山区森林早已绝迹。随着清皇陵后山开禁，林业资源遭受严重破坏。

中华人民共和国成立后，人民政府依靠和发动群众，大力倡导和扶植群众性的植树造林活动。封山育林，绿化荒山、荒滩，林业有了较快

[1] 陈桥驿译注：《水经注（卷14）》，中华书局，2009年。
[2] 赵兴华：《京郊林业史话》，《前线》，1986年第9期。

发展。

“七五”期间，北京地区外缘建设环形绿化带和六片绿化隔离地带边界林。20世纪80年代中期，我曾经参加“国家七五重点攻关项目三北防护林遥感调查——华北石质山”工作，发现华北石质山地区，特别是沿着京津、京开、京张、京周、京密5条公路已经建设了绿色走廊，实现永定河、潮白河、清河、温榆河4条河流沿岸的绿化。统计资料显示，自20世纪80年代开始，密云区加大了风沙治理工程，造林10万亩，在深山区营造15万亩用材林；封山育林140万亩，在浅山区建立10万亩鲜果品基地。密云区已经成为一个植被茂密、生态景色宜人的地区。此外，82.7%的村镇基本实现了绿化，并初步形成了一个网、带、片结合的防护林体系。

密云浅山区因良好的地理优势，满足森林植被健康生长所需的生态环

密云三北防护林

境条件。从上述地形林木资源分布中可看出，密云浅山区整体林木资源丰富，栾树、五角枫、国槐等落叶树种，刺槐、油松等针叶树种较多，且浅山区北部森林种类更为多样，这与密云浅山区北部水资源和海拔较高等有直接关系，西北部的冯家峪镇、石城镇和密云水库正北部的不老屯镇较东部的太师屯镇、北庄镇林木资源分布多，南部的穆家峪镇、巨各庄镇、东邵渠镇林木资源更为稀少。

古树名木是历史和先人留给后人的宝贵财富和历史文化见证，被誉为“活文物”。密云浅山区范围内的12个乡镇均有古树名木，其中主要包括一级古树名木，即国槐、侧柏、油松、银杏、龙爪槐、流苏等；二级古树名木，即国槐、侧柏、油松、榆树、槲树、五角槭、毛白杨、小叶杨、梓树、桑树、丝绵木、核桃、云杉、板栗、酸枣等。从分布看，浅山境内东部的太师屯镇、北庄镇和西部的石城镇一级古树名木占比较高；北部的冯家峪镇、不老屯镇二级古树名木占比较高。

密云位于京郊东北部山区，全区古树名木资源较为丰富，16个乡镇均有分布。其中最著名、历史最悠久的为古侧柏——新城子九搂十八杈。文献记载“九搂十八杈”实际上为一株高达二三十米的古柏，因其有18根枝杈，故得名“九搂十八杈”。另外，巨各庄塘子小学内有一株唐代古银杏，资料显示，它原种植于关帝庙前，后关帝庙被拆毁，仅留存此树。经鉴定，该古树树龄已有1000多年，如今仍枝叶繁茂，已经得到区文物部门的重点保护。另外，巨各庄塘子小学内还有一棵千年白果树，1983年7月实测腰围9.7米，高27米左右，树冠直径25—30米，覆盖面积200多平方米。文献记载，巨各庄塘子小学原为香岩寺，因建寺时先有白果树，所以寺建成后被人称为“白果寺”。寺内有一唐代刻碑，称此树种于唐代前。由此推断，该白果树树龄已有1000多年。此白果树为单生，不结果，但枝繁叶茂。

密云石城村杨树林

密云云蒙山林场

密云秋色浓浓

（二）绿色长城，林果飘香

中华人民共和国成立后，北京市政府和密云政府十分重视密云的生态保护，特别是自“七五”期间，加大了绿化造林、环北京生态保护屏障建设，构筑了经济林，与防护林、天然次生林并存。

20世纪80年代，我曾经参加“国家七五重点攻关项目三北防护林遥感调查——华北石质山”工作，对密云浅山区绿色长城有深切感受。三北防护林是为了防止水土流失、防风固沙、涵养水源、调节气候、减少污染所配置和营造的由天然林和人工林组成的森林。密云是北京的水源地，是首都重要的生态屏障。近年来，出于对密云水库水源区的保护，密云政府加强了对防护林的建设，使其逐渐成为密云林地的主要类型之一。

密云地区的防护林种主要有水源涵养林、水土保持林、农田防护林、防风固沙林、护岸林、护路林等类型。密云区常见的防护林树种主要为油松、侧柏、落叶松等针叶树种，以及柞树、桦树、刺槐、杨树等阔叶树种。除以上防护林地以外，密云还有一些其他类型的林地，包括特用林、薪炭林、用材林3种。

密云地区植被概况

地形地貌分区	植被概况	植被种类	
西北部中低山区	该区植被覆盖率高，以林木和萌生丛为主，主要分布在海拔800米以上的中山区	林木	山杨林、辽东栎林为主，油松林、侧柏林为辅
		萌生丛	辽东栎萌生丛、北鹅耳枥萌生丛
东北部中山区	该区植被发育现状较好，以林木和灌丛为主	林木	山杨林、辽东栎林、云杉、椴木林
中北部、东南部低山、丘陵区	该区受人为因素的影响较多，土壤贫瘠、水土流失严重，以林木和灌丛为主，林地主要是经济林、人工林，有少部分灌丛	林木	梨、苹果、杏等果林；油松林、侧柏林、洋槐林等人工林
		灌丛	白羊草灌丛、绣线菊灌丛
西南部平原区	该区开垦活动进行得较早，以林木为主，主要是果林	林木	杏、苹果、梨等果林

因浅山区特殊的地理和气候条件存在差异，果树林的分布也有一定的规律。经济林地大多分布在密云水库北部的山前平原区，南部、东南部

的浅山区，西南部冲积平原区。密云水库北部山前平原区的村落周边，其经济林的种类以鲜果树为主，包括梨树、杏树、山楂树等，水库西南部冲积平原区的村落，其经济林的种类以李子树、山楂树为主，而密云水库南部、东南部丘陵区的村落，因靠近山区，其经济林的种类以干果树为主，包括板栗、核桃等。其中，核桃和板栗是密云境内种植最为广泛的树种，山麓、河谷、平原地区都有分布。另外，密云浅山区许多村落大力发展经济林，并形成了特色林业。密云地区的经济林主要以果树林为主，其中，野生果树树种主要有板栗、核桃、枣、苹果、梨、红果、葡萄、桃、柿子、杏；栽培果树树种主要有核桃、苹果、板栗、樱桃、李子等。

20世纪90年代，密云已有经济林25.5万多亩，主要是果树。全县已栽植果树750万多棵，年产各种果品3362万多公斤，占北京市果品总产量的12%，居北京市各郊县前列。其中，苹果、梨、红果、李子的总产量居首位。密云小枣曾大量出口多个国家和地区，核桃、板栗、杏仁等出口日本、德国等国家。密云果树资源中有北方果树10多种，“其中苹果、梨、桃、杏、李、山楂、柿子、葡萄、板栗、核桃等树种较多，品种有上百之多。其中名优特产有黄土坎鸭梨、东邵渠的御皇李子、新城子苹果、西田各庄的金丝小枣、坟庄的核桃、燕山板栗、水杏大扁等”[1]，这些都是果中珍品。

受密云独特的地理条件和气候影响，密云的果品种类多，品质好。有8个品种被称为京城果品八珍，分别为清乾隆帝赞为“梨中之王”的黄土坎大鸭梨，个大皮薄的燕山板栗，轻轻一挤皮儿就破的坟庄核桃，有2000年

[1] 郑亚民：《立足当地资源 发展观光农业——密云县观光农业开发思路》，《农村经济与管理》，1998年12月。

历史的石城、冯家峪扁杏仁，枣丝可拉30厘米长的金丝小枣，曾为清代贡品的石峨御皇李子，可储藏到次年5月的大城子红肖梨，色泽亮丽且含糖量高的新城子苹果。

黄土坎鸭梨。黄土坎鸭梨产于密云水库北岸的不老屯镇。不老屯镇盛产鸭梨，以黄土坎村为最好，故称黄土坎鸭梨。黄土坎鸭梨已有600多年历史，曾被乾隆帝称为“梨中之王”。黄土坎鸭梨果体硕大，果核细小，果皮金黄，果肉厚而酥脆，味美香醇。

密云黄土坎鸭梨

银冶岭红果。东邵渠镇银冶岭村盛产红果，历史悠久，品质优良。这里的红果个儿大、色鲜，呈枣红色，皮薄、核小，无蛀虫。酸中带甜，果肉

密云银冶岭红果

膏白色，含沙性，吃了不倒牙。人们说其“味美清口，食而不厌”。银冶岭村有10000多棵红果树，近年来每年产红果50万斤左右。有一棵红果树王已有100多年的树龄，一棵树产红果1000多个。其他地方的红果都是80个果一斤，银冶岭的红果个儿大，60个果一斤。普通的红果皮都是红色，肉也是

密云区红果

红色，银冶岭的红果掰开一看，皮红肉不红，肉是青白色。相传明清两代皇宫嫔妃都喜欢吃银冶岭的红果。银冶岭红果之所以具有这些特性，是因为土质好。“银冶岭一带属石灰岩和风化岩土性。石灰岩风化岩土质最适合长红果，土质是一个重要因素。”[1]

番字牌乡红果。密云番字牌乡地处海拔500米以上，无霜期短，属塞外气候。番字牌乡有9个行政村，63个自然村，计6000多口人。每人只有九分山坡梯田，土地瘠薄，都是旱田。番字牌的土地是石灰岩质，适宜栽植红果树。石灰岩土质不但能保证果树的生长，还能保持红果所具有的特征，红果的颜色红，色泽鲜，内瓤青白，酸中带甜。当地红果品种一般是

[1] 郑云山：《密云风物史话》，北京旅游出版社，1989年。

七八十个果一斤，而番字牌乡新品种红果60多个果一斤，其个儿大，味道酸甜，沙多、皮薄，酸中带甜。每逢深秋，番字牌乡漫山遍野俱是红艳艳的红果，不但给山乡人民增加了财富，也形成了密云的一大景观。

大城子红肖梨。大城子已有50多万株红肖梨树，1986年产红肖梨700多万斤。大城子的红肖梨个儿头均匀，一般是两三个一斤。梨的颜色红润，无疤痕，无虫蛀，梨核小，皮薄肉厚，清脆，香甜多汁。居民贮藏红肖梨的技术很讲究，一般能贮藏到春节，这时红肖梨的颜色会更加鲜艳，而且味道更鲜美。最长能贮藏到次年5月，果汁不减少，皮更薄，口味更好，吃起来香脆、酥甜。大城子红肖梨之所以具有这些特点，主要和土质条件有关。大城子一带属碱性土壤，适宜栽培红肖梨树。

密云大城子红肖梨

密云区红肖梨

东邵渠李子。东邵渠李子种植面积13000多亩，年产量110多万公斤。东邵渠镇的“石峨御皇李子”久负盛名，清乾隆年间就成为朝廷贡品。它的特点是味道香甜、不粘核、成熟后一掰三大瓣，因其味道纯正，受到人们的欢迎。东邵渠镇的御皇李子已在国家工商局注册商标，并获得了“绿色食品”标志。东邵渠镇石峨村是全镇最大的村，大部分土地都种植了李子树，石峨村有“御皇李子”“黑宝石”等李子品种，7月中旬后就可陆续采摘。

不老屯板栗。密云板栗栽培历史可追溯到春秋战国时期，在《诗经》《礼记》《论语》《史记》等古文献中均有记载。据考证，目前密云地区境内仍有三四百年以上的板栗树200多株，依然枝叶繁茂，果实累累。不老屯地处燕山山脉，栽植板栗历史悠久，早在金天德三年（1151），域内云

密云不老屯板栗

峰山大安寺碑记载：内有栗园12顷。现发展到8万亩，堪称“京郊板栗第一镇”。1997年注册为“燕香”牌绿色食品商标。经考察，不老屯独特的地质、土壤构成和特定的气候条件，使“燕香”板栗富含铁、锰、硼、锌等人体必需的微量元素。“燕香”板栗外观紫红，内里金黄，甘甜清香，是老少皆宜的上乘食品。

三

文旅融合，自然奇观

（一）云蒙雾灵，山水大观

密云区山地多为中山和低山，中山形势雄伟，坡陡谷深，巍峨险峻，植被垂直分布。低山奇峰怪石，峡谷曲折，飞瀑流泉。云蒙山、雾灵山、龙潭山、云峰山、黍谷山等集中了全区以山为特点的主要风景资源。

1. 云蒙秀茂

云蒙山位于密云不老屯镇燕落村北3千米处，它不仅环境幽雅、风光绮丽，而且自然景观和人文景观水乳交融，成为闻名遐迩的风景名胜区。

资料显示，云蒙山总面积约208平方千米，主峰海拔1414米，是由花岗片麻岩构成的中山。云蒙山地势巍峨耸拔，沟壑幽深，奇峰林立，异石多姿，飞瀑流泉成群，它是北京郊区以潭、瀑、峰、石取胜的景区之一。云蒙山以主峰为中心，溪谷呈放射状，向四周延伸出8条溪谷，每条溪谷均为景点密集、各有特色的风景带。云蒙山与黄山有许多相似的特点，主要是巨大的花岗岩侵入体，有166座山峰、60多个潭景，云涛聚散多姿，还拥有茂密的自然林和人工林，以及大量奇松和名木。

2. 雾灵苍茫

雾灵山国家级自然保护区位于河北省北部承德市兴隆县与北京市密云交界处的雾灵山镇人参沟村。它距北京市区140千米，距承德市区135千米。密云区部分的最高点是梧桐树沟顶，海拔1735米。雾灵山山势雄壮，

密云云蒙山

林木茂盛。区域内的景区主要集中在龙潭堰和遥桥峪南沟。龙潭堰位于曹家路南，长约10千米，遍布奇峰怪石，深潭瀑布，密林山花。仲夏6月，当北京城区气温达到35摄氏度以上时，这里背阴处还可以见到厚达近尺的冰层，是避暑的好地方。遥桥峪南沟溪水潺潺，瀑潭相连，奇峰层叠，林木苍茫，且有罕见的巨大冰漂砾。

密云雾灵山

（二）仙洞深邃，鬼斧神工

密云区内众多溶洞之大之美，首推神仙洞。神仙洞位于白道峪村南一座平缓山冈的南坡。洞口直径约1米，仅容1人上下。向前匍匐20多米，洞体豁然开朗，可进入一座高10多米，面积30多平方米的锥形洞厅，厅内端坐一白色石佛，形象逼真，神仙洞之名源于此。从石佛两侧洞口前行10多米，到达一个大厅。厅高约30米，南北长约70米，东西宽约40米。厅内有石笋、钟乳石发育，其靠角一石，酷似站立的北极熊。洞壁可见形态各异的岩溶景观，有“宫廷宝莲灯”，有身披袈裟的“卧佛”，有“瀑布”，有排排“垂柳”，景象奇妙壮观。再往前，溶洞分成许多支洞，洞连洞，洞套洞，规模宏大深邃，景观奇巧。整个溶洞保存完好，尚未开发。

（三）潮白二河，纵贯南北

密云境内的水域面积占总面积的8%。潮、白二河纵贯南北，众多山涧溪流宛若玉带环绕崇山峻岭，有大小水库20多座。位于乔麦峪、石骆驼一带的内湖区与密云水库一坝相隔，蓄水量1亿立方米，湖岸总长8千米，岸边为丘陵地貌，植被90%以上，是一处风景秀丽、湖面宽阔、空气清新、环境幽雅的自然风光旅游地。遥桥峪水库位于雾灵山下，夏季气候凉爽，是一个有山有水的旅游、疗养度假区。半城子水库和沙厂水库也都是具有开发价值的旅游资源。

密云潮河景观

（四）古北水镇，民俗风情

古北水镇位于北京市密云区古北口镇，背靠中国最美、最险的司马台长城，坐拥鸳鸯湖水库，是京郊罕见的山水城结合的自然古村落。古北水镇与河北交界，交通便捷，距首都国际机场和北京市区均只有90分钟左右的车程，距离密云城区和承德市区约45分钟的车程。整个景区是在原有的3个自然村落基础上整治改建而成的，保存有精美的民国风格的山地合院建筑43万平方米，总占地面积9平方千米。目前，景区开放有民国街区、老

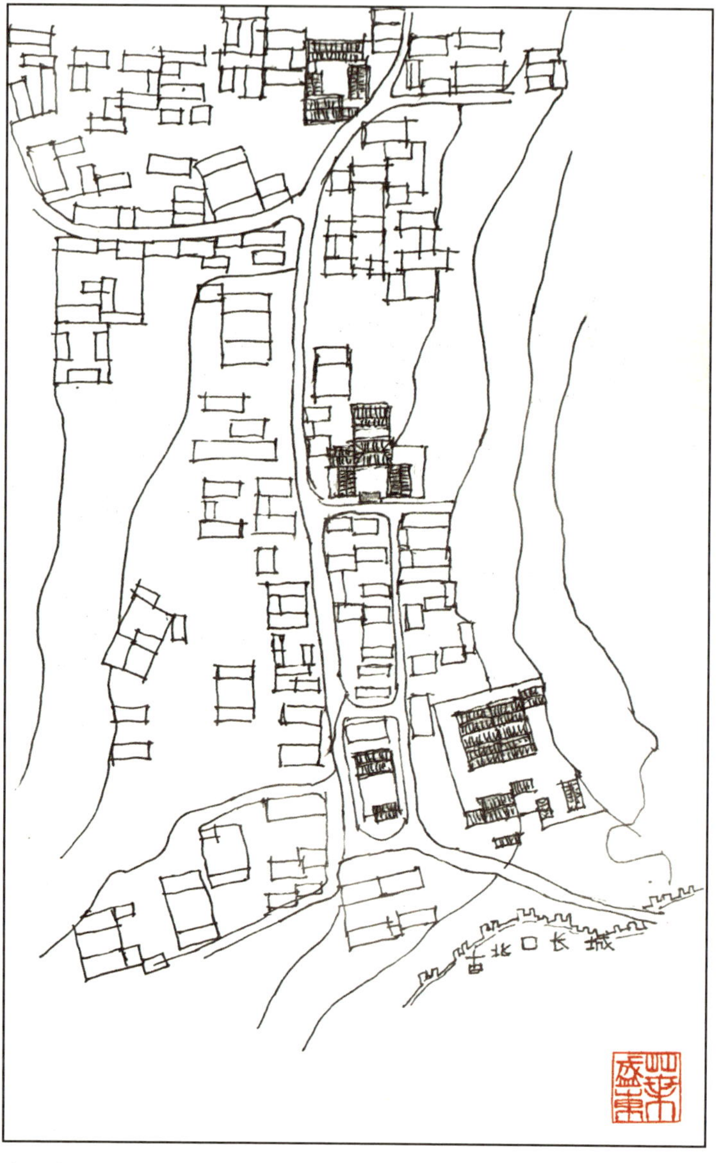

密云古北口镇平面图

营区、水街风情区、日月岛民俗文化区、汤河古寨区、民宿餐饮区等，是一座典型的北方旅游度假小镇。

有着千年历史的古北水镇，鳞次栉比的房屋、青石板铺就的老街、幽长的胡同，无不展现了北方的古镇风貌。镇内河道密布，古老的汤河支流萦绕其间，古建、民宅依水而建，在蓝天白云、绿水波涛、参天白杨的掩映之下，宛如一片鲜为人知的世外桃源。夜幕降临，古镇的夜景也格外美丽，是不容错过的美景。

密云古北水镇速写

05 村落民居，传承印记

一

乡土氛围，和谐共生

（一）民居营造，传统文化

浅山区村落与民居建筑都被深深地打上了浅山地理环境的烙印，生动地反映了人与自然的关系。传统中国国画中所描绘的村落及民居大都是依山傍水、拥山环岭，讲究在优美的自然环境中落位，选择适宜有利的水文、地理、气候等条件。

1. 阳光日照

民宅建筑营造，特别注重环境与择地，不占农田，尽可能获取充足的阳光，并顺应地形化整为零，背山面阳，这个择地道理，从古至今一直传承下来。

村落宅院择地都为宝贵的阳光地段，给自家建筑创造一个晒太阳的环境。院中民宅朝南房前阳光地段总是喜欢种植花卉，并且屋顶很少采用挑檐的悬山顶，大都为硬山顶。另外，人们“愿意用低矮或短围栅来代替高院墙”[1]。充满阳光的院子成为家人团聚或晒太阳的地方，院中摆放一张茶桌，大家围坐一起闲聊，在阳光中浇花赏果，“这就是家庭生活中的享受，尤其是老年人和儿童更需要室外的阳光地”[2]。

[1] 荆其敏：《中国传统民居百题》，天津科学技术出版社，1985年。
[2] 同[1]。

随着城市化迅速发展，村落民居营造经常出现与环境不和谐或违背自然规律的做法。在一些村落，由于规划师、村民缺乏深厚传统文化的积淀，往往会营造高墙深院，此举势必造成通风、采光均欠理想，缺少藏风聚气、通天接地的条件，会令大院、大宅较为阴暗，阻碍阳光进入室内，也会使住宅内阴暗潮湿，不利于人的健康。当然从保护传统村落景观上看也极不和谐，破坏了原有的乡土风貌和肌理。

密云村落民居院落

2. 因地制宜

村落民居通常因地制宜，充分合理使用每一寸土地，依托自然地势，靠山临水，因势利导，不拘常规，宜方就方，适长就长，依山之势，傍水之边，民宅建筑大小分合，房前房后错落有致，极具浅山乡土氛围。

3. 坐北朝南

坐北朝南是民居建筑的基本要领，可获得最好的日照条件。使居室充满阳光，是村落民居首选因素。由于浅山区有不同的日照时间，民宅左邻右舍有各式各样的组合方式，通常民居住宅方位与村落场地走向基本一致，院中民宅“建筑间不要留下深长的阴影”[1]。一些院墙刷上白色石灰，可以充分反射阳光，使整个宅院都环抱着阳光。另外，院中影壁墙不仅能够遮挡外界视线，使宅院有很好的隐秘性，也是院中的装饰墙，一面为阳，一面为阴，产生明与暗的对比。

20世纪90年代密云坐北朝南的民居

[1] 荆其敏：《中国传统民居百题》，天津科学技术出版社，1985年。

4. 就地取材

浅山区村落民居墙体就地取材，通常采用毛石虎皮墙或者灰砖砌墙，南墙设置门窗，北墙厚重防风，这种运用很是成功。

浅山区村落民居的居室满屋充满阳光是其最大的特点。通常正房朝南房间大都采用双扇平开门窗，传统做法为“幕墙、支摘窗、隔扇门，是为了最大限度地获取阳光，尤其是冬季，透过大面积的窗格，满室满炕都是明亮的阳光”[1]。

另外，朝南房间采用大面积玻璃窗，可以使室内获得阳光，也使窗边

密云村落中砖墙砌筑的民居

[1] 荆其敏：《中国传统民居百题》，天津科学技术出版社，1985年。

密云村落民居四合院

的炕上（如今放置床）终日保持明亮。20世纪80年代，浅山村落民宅室内都有炕，炕上有炕桌，一家人会围坐炕桌聊天、叙旧、吃饭、做针线活儿等。清早阳光透过玻璃窗照进室内，照到炕上，自然光叫醒熟睡中的人们，这恐怕是最健康的叫醒方式了。一觉醒来即可以看到窗外的天气如何，看看窗外院中生长的花卉树木，看看天空中的云朵，美好的一天开始了。

（二）质感原始，韵味无穷

浅山区村落民居建筑大都就地取材，直接表现出独特的质感和肌理韵味。受浅山区自然资源影响，往往会采用天然材料，即广泛采用石材、夯土砌筑民宅建筑，使建筑屋顶、墙体、基础等天然材料直接袒露，这便产生了各自独特的建筑质感和肌理效果。当然，天然材料都较单一，绝大多数民居建筑都是属于未经加工的天然材料，如土、石等；另一部分属于略经加工的天然材料，如土坯、条石、木材等；还有一部分则属于人工制品，如砖、瓦等。

浅山区村落民居这些材料在质感和肌理上都各有其特点，如土质的松软、圆浑，砖、石的粗糙、坚硬，木材的细腻、光滑，机平瓦的隆起、皱褶等，这些材料凑在一起，充分表现出质感的强烈对比，充满乡土气息。诸如一些民居建筑，墙身的下半部分用毛石砌筑，质地极其粗糙，接近檐下墙体部分为黏土砖或土坯墙所筑成，质地较为平整和细腻，屋顶部分则由青瓦覆面，各种材料均充分发挥各自的性能，组合成为整体后必然可以获得丰富的原始质感和韵味无穷的肌理。

密云村落民居外墙就地取材

密云村落民居乡土气息

二

建筑民居，乡土浓厚

（一）浅山合院，营造和谐

在构建人与自然和谐共生的村落空间时，合院住宅自始至终都尊奉“天人合一”的传统自然理念。从选址定位到营造民宅建筑，无不渗透着“尊重自然”“顺应自然”“崇尚自然”的哲理思想，即充分发挥自然地物要素潜力和生态环境条件，充分与村民生活、劳作的需求相结合，依山就势筑宅建院、引水修渠、随坡开田。犹如《后汉书·仲长统传》所描述的，“使居有良田广宅，背山临流，沟池环匝，竹木周布，场圃筑前，果园树后”的山、水、林、田、村相融的乡土氛围境界。

许多村落民居坐落在向阳山坡，围合聚气，阳光充足，融合山水，所以整个村落与民居获得了良好的日照。在靠天吃饭的传统农耕经济为主的社会中，村民更是寄托福祉于天地自然。

浅山建院、筑宅造房充分利用山地高低变化获得开阔的视野，在山上远观山峦、长城、绿林，在山下近看田园、村落、溪流，在家里隔窗眺望山村美景，使村民获得自然美的情趣。更有特色的是山村高低变化的建筑群，层层叠落，在绿林红花的衬托下格外自然而纯朴，恰似宋人杨万里《东园醉

密云山村美景

望暮山》中对家园富有诗意的描绘："我居北山下，南山横我前。北山似怀抱，南山如髻鬟。怀抱冬独暖，髻鬟春最鲜。"这种世世代代同居、同耕、同乐的浅山合院，其环境犹如"世外桃源"般祥和与宁静，正所谓"对外隔绝，自有天地"。

密云浅山区的四合院民居与北方四合院，特别是与北京四合院相比，既有类似之处，又具自身特点。其具有典型四合院的基本形制和以传统院落空间为核心的一般特点，即向内开敞，有庭院，向外封闭，有围合院门，形成较为严谨的空间秩序、明显的中心轴线，各房间均有较严格的等级划分。

另外，像长城村落合院、堡寨村落合院，受特殊的山形、溪流等地势差异所限和经济条件的影响，整体布置形式依山就势，因地制宜，营造出

密云村落民居院落大门

密云村落民居四合院落“口”字景观

“一合院、二合院、三合院和四合院等，其中二合院和三合院居多”[1]。在这些合院中，三合院、四合院较大且规整，而一合院、二合院规模都较小，并不过分追求对称严格、规则严谨的布局，相反，合院随地形变化，布局不求方正，路直则正，沿河则斜，顺山则歪，灵活多变，整体围合的

[1] 宋波等：《北京农村地区合院式传统民居院落布局模拟分析》，《建筑节能》，2014年第9期。

庭院空间给人感觉小巧别致，形式紧凑，尺度宜人，具有很强的亲切感。其合院，正如刘敦桢在《中国住宅概论》一书中所提到的“规模大小有所不同，……大门设于东南角上。入门后对门有照壁一堵，经小院，折西才达到住宅的本体”[1]。

这些合院，都是一户一宅，平面格局有大有小，主要根据宅地面积的大小、家中人数来建造。按照院落组合的规模大小，小合院只有一进院，形如“口”字，在浅山村落中较为多见；二进院，形如“日”字；大合院有三进院，形如“目”字；同时还有四进院。通常一进院进了大门直接就是院子，以中轴线贯穿，房屋都是单层，由倒座房、正房、厢房围成院落，其中北房为正房，东西两个方向的房屋为厢房，南房门向北开；二进院分为前院和后院，后院也称内宅。前院由门楼、倒座房组成，连接前后院的一般为垂花门，一些相对朴素的住宅则用月亮门，后院由东西厢房、正房、游廊组成。浅山区两进四合院，受宅基地规模限制，一般没有垂花门隔出前院，而是在正房后加后院，即后罩房。

合院民居是以间为基本单位进行平面组合的，涉及3个方面：一是一合院、二合院，大都只有正房三间，少数由厢房两间共同围合而成，住宅均为单层；二是三合院，也属于规整对称的住宅中最基本的形式之一，三合院一般由正房、东西厢房和围墙或借助另一院落的后墙围合而成，无倒座，基本呈对称布置，其入口多利用东厢房或以独立门楼形式设置，少部分利用正房西北角的一间作出入口；三是四合院，是主要的平面形式，等级最高，主要由正房、倒座和左右厢房组成，部分设有耳房、罩房，具有一定的轴线关系，另外，大门开在东南角上，大门一般采用倒座屋宇门形

[1] 刘敦桢：《中国住宅概论》，百花文艺出版社，2004年。

式或利用墙垣门，进门左转进入前院，向北为朝南正房，正房及两侧厢房以回廊相接，有的后面还有一进后院。

冬季的密云寒冷干燥，且多北风，因而正房多为坐北朝南，而且早期卧室中都建有火炕。传统的一明两暗平面布置是历代主要建筑形式，中间为堂屋，为家庭住房之枢纽，如同今天的居室客厅，主要是接待客人和进行工作的地方，也可作为居室的辅助用房和贮存物品之处，两边为卧室。习惯上北墙不开窗，南墙为双扇平开玻璃窗。这种房子常常祖孙几代人共同居住，妇女、老人白天多在炕上做家务活儿或休息，一把柴既做了饭，以供全家一日三餐，又烧了炕，既节省烧柴，又吃住方便。

然而许多老民宅也有缺陷，如堂屋兼作厨房，做饭时室内烟熏火燎，既不卫生，通风和采光也较差，两侧东西厢房遮挡了正房两个暗间的阳

密云村落民居屋宇门

光。另外，受合院定制格局限制，东西厢房的朝向不佳，但它们确实能最大限度地利用合院宅基地面积，这样可为浅山区留出更多农田土地。

（二）乡土民舍，亲切质朴

1. 造型与风格

民宅建筑外观上都属于单体建筑造型，即由“屋顶、屋身、台基三部分”[1]组成，支撑体系为木构架，围护结构多为两侧的山墙和后墙，屋顶采用木屋架（坡屋顶）或木梁（平屋顶）。

民宅建筑在光影照射下，墙面上挑出一排排檐椽，显得非常利落有序，特别是当屋顶椽子头的影子落在墙上的时候，显得光暗分明，很有韵味。刘致平指出：“农民房舍……矮矮的土墙围绕着，摆在乡村的绿野里亦是很安静可悦的。”[2]这些民舍正房坐北朝南，为三开间（也有五间），高度高于其他房间，室内外进出有三五级台阶；倒座一般也为三间，其间宽、高度、进深均小于正房，台阶二三级，其后檐墙不开窗或仅开两个小高窗；左右厢房均为两间，间宽、高度更次之；耳房、罩房的檐口则更低，形状因地势而变。

（1）屋顶。形状都属于两坡顶，即常见硬山顶，少数为悬山顶和单坡（或者平顶）。硬山顶屋面往往不悬出于山墙之外；悬山顶通常有正脊，

[1]　《中国建筑史》编写组：《中国建筑史（第二版）》，中国建筑工业出版社，1986年。

[2]　刘致平：《中国居住建筑简史——城市、住宅、园林》，中国建筑工业出版社，1990年。

山墙的山尖部分常做成五花山墙；单坡（或者平顶）都为杂间或辅助用房，“附于围墙或建筑的侧面”[1]。

（2）屋身。即墙体。其位于民宅建筑“两端，除硬山建筑外，均止于檐下”[2]，大部分采用砖或石墙承重，即墙体采用土坯墙（夯土墙）、毛石墙或黏土砖墙。作者在考察与拍摄中发现，一些民宅山墙很有独特性，山墙的正面（民宅南立面），在“连檐与拔檐砖间嵌放一块雕刻花纹的戗檐砖，称为墀头”[3]。另外有的民宅山墙为“五花山墙”，即“悬山建筑，不将山墙砌到山尖，……墙的上缘则砌作斜面，称为五花山墙”。[4]

（3）台基。受地形和经济条件限制，浅山区民宅建筑多是单层建筑，没有台基，通常看起来非常矮小。为此，有些民宅，特别是院中正房会使用台基来抬升房屋的高度，这种做法称为普通台基。大户人家台基多石砌，墙皮涂抹灰沙；普通民宅通常采用素土，或灰土，或碎砖三合土夯筑而成，高约一尺[5]。而铺地包括室内外地面。室内地面为“方砖或条砖平铺，很少侧放，一般对缝或错缝”[6]。室外铺地通常采用素土，人们经常进出行走的步道采用碎砖石，或三合土夯筑。合院大门进出口通常采用青石作台阶，而正房、厢房、倒座房大都采用青石或条砖作台阶。

总之，通常密云浅山合院民居院落占地面积比平原地区略小，其庭院空间造型较规整，院落以围合式为主，格局以二合院的布局居多，但也有少部分住宅加建了辅房（倒座），形成四合院式布局。住宅建筑坐北朝

---

[1] 《中国建筑史》编写组：《中国建筑史（第二版）》，中国建筑工业出版社，1986年。

[2] 同[1]。

[3] 同[1]。

[4] 同[1]。

[5] 1尺约等于0.33米。

[6] 同[1]。

密云村落民居青石台阶

南，房屋层数基本均为一层，但层高不一，早期老房子一般较矮，后期新房子高度则较高。如今，随着农民生活水平的提高，许多村落早期住宅都被翻新，以致新旧民居建筑的风格、体量差异较大。早期住宅早已隐藏在村落中，与新式民居形成鲜明对比。

2. 材料与制作

受自然、社会等因素的影响，一些民居营造还保留传统材料和制作方法，但受时代条件限制有些已经失传。诸如一些长城沿线的村落，民居建筑的材质依然留存当地特色，潮关村、古北口村、吉家营村等村落住宅就是采用山体毛石或者黏土砖砌筑住宅。

（1）墙体。密云浅山合院住宅建筑大部分就地取材，住宅内外墙多以土坯墙、黏土砖墙、石材墙为主要材料。一些民居还残留土坯墙，这些土坯墙大部分为三合土或麦秸泥，受气候影响，导致耐久性差，已经残破；黏土砖墙多为灰黏土砖砌的二四墙或三七墙（也有采用红黏土砖砌墙），外抹三合土或砂浆，或者干脆为勾缝清水砖墙；石材墙往往就地取材，采用周围卵石、山体毛石夹杂石灰、黄泥混合砂浆砌筑，以增强其强度。

（2）门窗。门窗均为木材质地，门的制作通常为双开的整板实木门，颜色为原色或刷暗色红漆，配以铁质的门锁构件。窗的构造形式多为木质方形隔窗，深褐木色为主。住宅墙体只有南面前檐设有门窗和槛墙，其他墙体通常没有门窗，门窗也都采用单层木制单扇或双扇门窗。另外，大门又叫街门或宅门，是合院与外界沟通的通道，一般修筑在整个院落的东南侧。

（3）屋面。住宅屋顶材料主要是青瓦，少数屋顶还会采用石板瓦，以平铺或挂瓦坡屋顶为主。坡屋面下采用木制平顶棚，既可贮物，也可保温隔热。屋面材料主要为：①密云山区盛产的片石，夹杂麦秸泥作粘接层；②灰色小青瓦；③红色泥瓦。

近些年，随着生活水平的提高，许多村落里的民居都被翻新，墙体立面材质纷杂，大量采用现代建筑材料，如瓷砖、墙砖、金属板材、玻璃等，另外，白色涂料也广受欢迎，一些老房子被“粉饰一新”，现阶段出现了许多塑钢门窗或者铝合金门窗。许多村落都可以看到成排成片的现代城市住宅外形建筑，已经失去了原有的乡土文化积淀。

（4）影壁。影壁通常为了遮挡视线、美化庭院，同时也起到障景的作用。其形式各异，主要是以字、壁画为主。有些影壁墙有顶，顶为清水脊，脊上有雕花，并覆瓦；壁心往往采用青灰加框，其形式多为白底上书“福”“寿”等字或绘壁画，而且这些影壁几乎无一雷同，精巧别致，十分讲究，极富个性。

密云村落民居院落影壁

（5）门墩。又称门座、门台、门鼓、抱鼓石，位于院门底部，托住门扇转轴的墩子。常常采用石头做成，有箱形和抱鼓形（抱鼓石）两种。另外，一些民宅门旁还留存有上下马石和拴马桩，据说是为了方便商客即停即歇。

3. 色彩与装饰

密云是一个多民族聚居的地区，汉族文化在与满族、回族、蒙古族等少数民族的文化相互交融、借鉴之后，留下了极具特色及艺术研究价值的精粹——建筑装饰、色调与彩绘。

（1）色彩。密云浅山民宅的色彩基本源于“建材的原始本色，没有多少人为的加工”[1]。一些民宅大都选择红色和绿色为主题的装饰色彩，这种强烈的色彩搭配，非常适合密云的山区环境。因为冬季昼夜长，寒冷的日子里花木凋谢，采用绿色和红色能较好地调剂单调萧瑟的气氛，赋予宅院以勃勃生机。

通常外墙饰面材料采用虎皮石墙、清水墙（红砖、灰砖）、三合土等，墙体色彩以白、红、灰为主，成为早期代表密云浅山合院住宅的“主流色彩”。这些建筑色彩与周围自然环境相融合，共同构成美丽的乡村景色，也给人们带来恬静安适之感。

（2）装饰。民宅建筑装饰主要包括“粉刷、油漆、彩绘、壁画、雕刻、泥塑以及利用建筑材料和构件本身色彩和状态的变化等”[2]。其中装饰部位主要集中在建筑的屋脊、檐口、墙腿石、门墩石、门窗、门簪、门罩、墙壁及影壁等处。受家庭地位、经济条件等的限制，其装饰部位、内容及精致程度等均存在较大差异。装饰题材以人物、图案彩绘为主，壁画的样式常以宗教题材、生活题材为主。民宅建筑的彩绘颜色通常采用红、蓝、黄、黑居多。彩绘主要是使木结构防潮、防腐、防蛀，当然也有装饰性效果。

雕刻装饰在民居建筑和公共建筑中都有运用，主要包括砖雕、石雕、木雕3种类型。一是砖雕。主要用于戗檐砖、清水脊的盘子、门楼的佛龛及墙体的收分等处。常见的雕刻纹样有很多种，主要以动物图案为主，也有植物图案，常见的动物图案有喜鹊、凤凰、虎头等。其中，虎头图案在密云住宅建筑屋顶瓦当中的应用极其广泛，虎头代表着密云的军事文化，其

[1] 《中国建筑史》编写组：《中国建筑史（第二版）》，中国建筑工业出版社，1986年。

[2] 同[1]。

他动物图案在门垛、抱鼓石等入口处门楼的装饰中比较常见；常见的植物图案有向日葵、莲花、菊花等。二是石雕。主要用于墙腿石和门墩石。选用的石材多是就地取材，诸如花岗岩，其材质很硬，不易雕琢；“石灰岩易雕琢，但不耐酸，易风化”[1]，多采用薄肉雕、浮雕和线刻等雕刻技法。图案种类、形式各异，有单线类、植物类、动物类、吉祥纹饰类、文字类等。三是木雕。主要出现在建筑的门窗装饰中，密云民居建筑的门窗雕刻主要采用透雕的方式，门窗木雕装饰整体风格较为简洁，纹样简单，主要以四方格、灯笼框为主。

---

[1] 业祖润等：《北京古山村——川底下》，中国建筑工业出版社，1999年。

06 回味风俗，乡愁记忆

一

蹉跎岁月，村落往事

（一）新城庄里，述新城子

新城子镇花园村作为密云东北方向必经通道的一个大村，是一个富有特色的新乡村。人们沿着村落大道前行，展现在眼前的是宽敞的大街，路旁各种交通设施指示牌、标识牌随处可见。路两旁各种特色商店，格外繁华。

新城子镇花园村西邻古北口、司马台长城、云岫谷、雾灵湖，南邻雾灵山，是北京市经度最靠东侧的地方，也是北京市最早见到阳光的地方，有"北京第一缕阳光"之称，被称为"京都晨曦"之地[1]。另外，它地处军事要塞，是兵家必争之地，逢有险峻山峰之处，均可见到长城、烽火台、古城墙。

文献记载，"北京万里长城雾灵山一段，有处结构特殊的长城，在长城墙中设有两座城门，因为城门上刻有五只虎头，所以称'五虎门'，又因城门洞中流水，又称'水门'，人们将它们合称'五虎水门'。"[2]

如今，花园村民风质朴，风景秀丽，四季宜人，被人们称为"北京东后花园仙境"。这里充盈着历史烙印，处处呈现着人文肌理，有着浓郁的

[1] 政协密云区学习与文史委员会：《密云文史稿　传统村落专辑》（第38期），2017年。

[2] 曹景洲：《北京古迹传闻》，北京燕山出版社，2004年。

密云新城子镇花园村“京都晨曦”之地

乡土气息。村内仍有保存完好的烽火台和黑谷关城池一座，南部有保存完好的五虎门长城水关一座。另外，村里为了发展旅游业，新开发了东极仙谷自然风景区，建设了高档宾馆、民俗度假村、培训中心等，成为游客休养生息的“世外桃源”。

1. 古村寻迹

说起新城子，村落城池开南北二门，像个五边形。南城墙是直的，北城墙是尖的。东北、西北两个城角成钝角，城门突出向前，如同箭头，所以又把北城墙叫北箭。两城门上都有门楼，壮观漂亮，内里供着神像。南门楼上供有魁星，北门楼上也是庙。两城门上都有钟，南小北大。

据村里人讲，北城门上的大钟逢初一、十五敲钟，城里有事儿也敲，如来了土匪或着火等，全城人出动，保护城堡安全。另外，村里城墙一角上还隐约可见角楼基础的痕迹。城墙上的外侧有垛子，内侧建有女儿墙，以保证自己人的安全。城墙马道上铺着3层方砖，格外结实。南城有汉白玉质地门额“新城庄”。

文献记载，城名与光绪《顺天府志》书中“新城庄堡”所记一致。明万历四十五年（1617），城堡进行过维修，村中曾有城建志碑记载，“新城庄堡城二百三十丈，底阔一丈二尺，收顶八尺，高连垛口二丈，外修发券南门一座，上盖望房一间，四角各盖铺房一间”。

村落城堡整体规模很大，四角还建有“铺房”，也有说是角楼，这在一般城堡中很少见，只可惜都已损毁，连城墙基础也不易看出。城内有南北向两条街，东侧称前街，西侧称后街，街两侧是民居。城内布局整齐，贴着东西城墙的是三排房，中间是两排房，现如今在后街上仍残留一些老宅。

村中大街沿河向西，街巷纵横。河在城南门前，可以护城。在村街胡同另外一端是南城墙，由于新铺设了百米水泥路，低矮平整，在此行走，已经没有村落原有城墙的感觉。但沿新修街路前行，路边有沟，几十厘米深，还可以看出垒砌几层石块，据村里人说是残存的城墙。

村街的纵深就是城墙的长度，南北有200多米，东西有150多米。城墙逐渐拆除，街两侧盖满了民居，并形成胡同，一些民房可见到使用着拆城墙的砖石砌筑的宅墙。西城墙远离主路，又在村子外边，还留存有遗迹。

2. 精致老宅

现在村里还留存了一些老房子，这些老房子均为传统民居。山墙随屋顶的坡势层层叠落，“一般叠落两三次，每层在墙头上用小青瓦做成短檐和脊，”[1]脊上青瓦竖立排列，尽端处起翘反卷。脊下两侧是短短

[1] 高文瑞：《密云新城子原是古村落》，《京郊日报》，2017年8月24日。

密云村落精致老宅

的瓦垄，沟头滴水，一应俱全。这种逐层叠落的山墙被当地称为“三花山墙”或“五花山墙”。[1]通常这种山墙由砖与石组砌而成，并成为乡土建筑特征之一。山墙采用砖块分割砌筑，中间填充圆卵石，这些石块有规律地垒砌成大小不一的五部分，当地就地取材盖砖石民居，既好看又结实。

特别值得一提的是，老房子门脸很讲究，门口有方形门墩，刻有精致图案，一边是菊花，一边是荷花。一些临街宅院通常为三套院，大门为中间穿过式的屋宇门。沿着民宅墙身走向，正房为东西向，都建有配房，主院北侧

[1] 《中国建筑史》编写组：《中国建筑史（第二版）》，中国建筑工业出版社，1986年。

还有三间架梁老式的盖瓦房。房屋有清代时建的，也有民国时建的。

随着时光流逝，一些老宅已经人走屋残。有些老宅被翻新，倒座房墙上安装了窗户，大门守在门道旁，方便进出。从外面看，房屋已显示不出当年的豪华，也不如新盖房屋敞亮，却透出传统建筑的古朴气息。

城南残有庙宇，规模较大。山门三间，供着四大天王。东西配殿各三间。正殿三间，供着三尊佛像、十八罗汉。东南位置有钟楼，钟很重。城外西南有五道庙。城里有两口井，一在城北，一在南庙旁，现在井口还在，但井已枯干。

3. 九搂十八杈

村里有一株古柏，就在新城子城北门外公路西侧小山坡上。古柏遮阴很广，当地村民将其称为“天棚柏”。“树主干高达20多米，支干18

密云“九搂十八杈”速写

杈，每条树干又长出十几个枝杈，树冠呈伞状，遮阳面积达600多平方米。”[1]它如扇面一样展开，最细的杈也如大树，一人搂不过来，所以得名“九搂十八杈”。[2]据当地人讲，明洪武年间修筑长城和新城庄城堡时，这株古柏就已经很粗大了。还有人说，这里原有关帝庙遗址，人们出于对关公的敬仰，又称此柏为“护寺柏”。此柏为庙前之树，与庙并不同龄，先有柏后建庙。至于此柏的年龄，有的说为唐代所植，至今已1300多年，还有说距今已经2000多年，而据树前石碑上所刻文字内容，推测树龄为3000多年。

（二）古道长歌，冯家峪村

冯家峪地处密云区西北部白马河川中，山村四面环山，曾经有310多户，580多人。白马关河经番字牌一路顺着山谷从北向南流淌到这里，又与从西面上峪方向流出的溪流汇集到一起。自然地形把村子分为了河东、河西二村。早先乡政府所在地为河东村，河东村是冯家峪地区最繁华的地方，乡政府、派出所、农村信用社、卫生站、粮站、电话局、公交站、中小学等都在河东村。但自从乡政府搬到梁前后，河东村反倒不如河西村热闹了，河西村沿着西（西庄子）火（火石岭）公路的两侧建了很多超市、饭店。河东村、河西村被一座桥连在一起，桥东原是村中晒粮食场院，后建成了集贸市场，桥西原来有一座电影院（曾是水库以北最大电影院），

[1] 曹景洲：《北京古迹传闻》，北京燕山出版社，2004年。
[2] 政协密云区学习与文史委员会：《密云文史稿　传统村落专辑》（第38期），2017年。

现在改建成了派出所和镇旅游接待中心。

当走进冯家峪镇西口外村，我便被山体崖壁上一个个木制的“小房子”所吸引，它们错落有致，格外引人注目。一打听才知这是著名的“中华蜜蜂”（俗称中蜂、土蜂）的蜂房，也是中国仅存于生态资源良好山区的优良蜂种。如今，蜂蜜已经成为村民致富的特色农产品。

密云区养蜂人

1. 缝甲御敌留村名

冯家峪并不是因村中姓氏得名，河东、河西二村没有姓冯的，主要以刘姓为主。关于村名的来历，据1992年出版的《北京市密云县地名志》记载，古代有一位将军率兵到了司营子附近御敌，在与辽将征战中甲胄被撕破，战后行至一地休息时，脱下甲胄缝补，故将此地称为缝甲峪，后谐音为冯家峪。

另据《密云文史稿　传统村落专辑》（第38期）记载，村名的来历与杨家将有关，“北宋末年，北方的辽国不服北宋王朝的统治，兴兵进犯中原。杨家将奉旨率兵征讨，在白马关外一次激烈的战斗中，穆桂英的甲胄被撕破了，但她仍然催马挥枪奋力杀敌，终于击退辽兵。穆桂英班师回朝，在途中安营扎寨时，她脱下盔甲缝补撕破之处，当地百姓把穆桂英撕破盔甲的地方叫作‘撕甲营子’，现在叫作司营子。把穆桂英缝盔甲的地方称为‘缝甲峪’，后改称‘冯家峪’”[1]。当然，这只是民间传说，因为历史上杨家将从未到过密云域内，人们将村名与杨家将联系在一起，也体现出人们对英雄的敬仰之情。

不管是哪种传说，都凸显出冯家峪地区的战略地位。它是华北通往塞外的重要孔道，也是中原与游牧民族的分界线和屏障，自古就为兵家必争之地。

2. 长城古堡犹存迹

有关文献记载，明洪武初年，为了防止北元南侵，将明代以前边墙上的关隘利用起来，加固修整，凡幽、燕北面的山险、崖上重要地段设关，

[1] 政协密云区学习与文史委员会：《密云文史稿　传统村落专辑》（第38期），2017年。

密云白马关城堡速写

密云区明代长城段

一般地段设口。现冯家峪地区留有大量明代长城遗迹，“有总长22230.5米（实有城段17690.50米、山险4540米）的长城蜿蜒起伏盘旋在山崖上，连接着72座敌楼和12座烽火台”[1]。这些城、堡、关口主要有西堡子（响水峪）、白马关等中型关城；有划车岭堡（北化岭）和上峪堡等大型驻堡；有冯家峪堡、石佛城堡等小型驻堡；有响水峪口、红土峪口、北划车岭口、南划车岭口、杏树沟口、冯家峪口等关隘，密集程度极高。

冯家峪村建有冯家峪口和冯家峪堡。冯家峪口地势陡峭未筑墙，在沟谷中间前后并排设四道口门，口门两侧东西两山对峙。中为白马关河支流，旱季无水，沟谷北为山体横卧，南为炮沟。冯家峪四道口门构成与秦皇岛市三道关相同，地形也相似，都是倚靠山险筑多边石墙和水门以固塞。短短的百十米内，据山险筑四道石墙和水门以固塞，今虽已全部损毁，但仍能想象出当时的壮丽与宏大。

冯家峪堡位于冯家峪村东，建有东西二城堡，属京师控制的石塘岭关所辖。作为长城的一个关隘，明、清时均派兵将戍守。据《明蓟镇长城》记载，冯家峪堡为长方形，东垣长53米，西垣长61米，南垣长66米，北垣长60米，南墙中部有一城门，门宽3米，门道长3.8米。城堡墙基为大石条，上部由大块毛石和白灰砌成，用碎石、沙土填芯，墙宽3.8米。城堡紧靠北山根，城东垣外为原供销社，城南为南山。距离城堡西南隅180米的北山最高点上建有哨楼一座，与西面上峪哨楼和西口外哨楼遥相呼应。现城堡被民房包围，城垣几乎拆尽，只是西垣、北垣依稀有些痕迹，东垣有几米长的墙基残存，墙外有国务院公布、市文物局竖立的“全国重点文物保护单

[1] 政协密云区学习与文史委员会：《密云文史稿 传统村落专辑》（第38期），2017年。

位——长城（冯家峪城堡）”石碑，向人们昭示着城堡曾经的存在。

上峪城堡为冯家峪二堡的西堡，位于冯家峪村西1.5千米处，因地势比冯家峪高，故得名“上峪”。城堡始建于明永乐年间（1403—1424），迄今已有600多年的历史，是在北京明长城中保存较为完整的古城堡之一。该城堡是修建这段长城时的驻兵囤粮之地，城堡规模小巧，城平面为长方形，全部是毛石、白灰砌成，基底用10层至13层毛料石砌起，墙皮外侧用砖包，内侧为石砌，用碎石、沙土填芯。城堡四角各有一座角楼，方形，下石上砖，边长6.5米，跨出墙体1.6米，高3.2米，现在只残存基座及部分墙身。城墙顶部垛口、女墙、射孔、瞭望孔、马道都已损毁，杂草丛生。南垣长113米、墙宽5.7米。西段有一城门，为砖石结构拱券而成，下用11层条石砌成，以上砖砌到顶券。北垣长124米，东垣长134米，西垣长129米。在城的西北角有一哨楼和一墩台。哨楼在距城西北200米的山顶上，现已倒塌，仅存基址。墩台在楼北600米山顶上，已倒塌。城堡门口一棵古槐树被北京林业考古队鉴定为汉槐，并将其定为北京的槐树之王。

距离上峪城北1500米的山上有一座带楼橹的敌楼，当地人称为“口门铺房”。据当地人介绍，这座敌楼上的铺房是明代修建，一直留存到现在。经文物部门鉴定，明代留存的铺房全北京市只有3座，并都在密云区境内，它们是冯家峪镇的口门铺房、北石片铺房和不老屯镇的陈家峪铺房，现在3座铺房都经过修缮，屹立在山巅。

抗日战争时期，冯家峪村成为抗战根据地。至今在冯家峪地区，还流传着许多抗战英雄的英勇事迹。2013年，镇政府在冯家峪村南湾子战斗遗址处修建“还我河山”纪念碑和广场，作为当地的爱国主义教育基地。

如今，冯家峪村成为长城爱好者的必到之处，也成了游客徒步穿越的经典路线。

密云冯家峪村“北京的槐树之王”速写

二

戍边守城，长城村落

（一）司马台村，变迁史话

司马台长城，明代时属蓟镇辖区，为古北口长城段。古北口至司马台段长城长约30里，其中司马台一段长约10里，地形复杂，地势险要，长城及其敌楼、烽火台变化多端，形式多样，依山就势，盘旋起伏，飞舞在峰峦之巅。司马台长城西起后川口，东至望京楼，中间隔着暖泉口。这段长城即“‘一段奇妙的长城’，又称‘万里长城之最’”[1]。

司马台村为密云区古北口镇所辖行政村，位于北京市密云城区东北60千米处，地处燕山山脉中段，古为燕国东北边境，是密云区古村落之一。这里地势险要，山峰林立，山脉交错，沟壑纵横，西有蟠龙山，北有卧虎山，南有龙背山，紧邻“京师锁钥”古北口，“是华北平原通向松辽平原和内蒙古高原的门户，为兵家必争之地，历来战事频繁”[2]。

1958年，因密云划入北京市，司马台村随同划入北京市，归新城子人民公社管辖。1993年，司马台村划归古北口镇至今。

先秦时代，位于今司马台的地方设有烽火台。据传，“许是当时主持修建烽火台的长官或者首任台长，其姓名或职位中含有‘司马’二字，故此处烽火台便被命名为司马台”[3]。随之，在山脚下驻守司马台的军营也被称为司马台。明代，抗倭名将戚继光掌管蓟州军务，密云属蓟州所辖，并置西协于石匣，故经常驻扎石匣到古北口一带督建金鸡岭、古北口、司马台的长城。因此时司马台已经成为这一片区域的通用地名，所以，戚继光将司马台附近的这一段长城命名为司马台长城。戚继光在督筑长城的同时，修建并命名了“司马台城堡”。城堡既是当地显赫的建筑群，又是军事重地，继而形成当地经济文化中心，所以，司马台城堡也称为“司马台”，这一名称辐射周边地区，于是司马台城堡连同其周边区域被统称为“司马

[1] 郑云山：《密云风物史话》，北京旅游出版社，1989年。
[2] 政协密云区学习与文史委员会：《密云文史稿　传统村落专辑》（第38期），2017年。
[3] 同[2]。

密云区古长城

台”。明、清两代地方政权，设置密云县属下的管理机构，大多以“司马台”命名以司马台城堡为中心的区域。另外，司马台再度归属密云直至中华人民共和国成立。

司马台城堡位于小汤河河谷。据文献记载，司马台城堡建造于明洪武年间，由开国元勋徐达驻守北京、修筑明长城的时候，为驻扎守卫长城的军队而修建，是长城防线上最基本的防守据点之一。

城堡四周为矩形，“东西长152米，南北宽137米，总面积20800平方米。城南北各开一门，两城门不对称。北门偏西，南门偏东，均呈拱形，高5米，二重门深4米。现北门前仍有一块保存极为完好的影壁，砖石结构，长5.7米，宽0.57米，高3米。两门均严重残毁，仅存简拱门道”[1]。

城墙基很厚，大约5.4米至5.6米，墙内采用大块毛石砌虎皮石墙，墙外面砌城砖。如今，砖墙大部分已经坍塌脱落，仅东壁还比较完整。据村里老人回忆，原来城墙上有垛墙。后来，城墙多处遭到拆挖，大多砖石被附近村民垒成了自家的猪圈或牛槽，城墙遭到大面积破坏，有少部分残存。尽管如此，1996年9月27日，密云县人民政府公布司马台城堡为县级文物保护单位，密云文物文化局于1999年10月在司马台城堡外立碑对城堡予以保护。司马台“四大建筑”分别为：（1）东塔。司马台城堡东边曾有一塔。据史料记载司马台的东塔是“无缝塔”，或者十三层的石塔。清乾隆三十三年（1768）被人拆毁，现为遗址。（2）西寺。当地人称之为大寺。文献记载，它为佛教寺，建于明朝初期，与司马台城堡同期修建，规模较大。20世纪60年代平整土地的时候，庙基变成了土地。（3）南楼。文献记载，它建在司马台城堡南边的小山上，与北边的真武庙遥遥相对，外形与司马台长城的楼子一样。用于军事防御，观察敌情，固守边城。（4）北真武。又称玄武庙、玄庙。真武庙中供奉的对象主要为真武大帝，又称玄武神、玄天上帝。据当地村民讲，1949年后，司马台真武庙等庙寺被拆除，材料用于建设村内小学校，如今只残存遗址。

2010年，中国青年旅行社控股有限公司与密云县共同启动“北京密云

[1] 政协密云区学习与文史委员会：《密云文史稿　传统村落专辑》（第38期），2017年。

密云司马台长城

古北水镇国际休闲旅游综合度假区”建设项目。司马台村位于该项目建设规划范围之内，实施整村搬迁，原村落遗址改造成旅游度假区的一部分。随着“古北水镇”旅游景区崛起，司马台这一古村落翻开了新的一页。至2012年年底，司马台村民告别传统平房，全村入住新村119栋楼房。而原村落遗址以历史人文景观作为前景，以自然景观作为背景，以遗产保护为前提，打造成配套设施完备的古北水镇。在时间上，展现“古老”“明清”“民国”3个时期的历史背景；在空间上，打造“南方”“水乡”“北方”“四合院”“胡同”等现代文化景观。这一古为今用，相得益彰，是新的历史发展时期与客观自然条件的有机结合，更是一次历史机遇的挑战及其谋求发展的有益尝试，成为北方唯一具有“南方水镇”特色的旅游胜地，成为密云乃至北京地区的一处标志性区域。

（二）古堡云岫，忆遥桥峪

遥桥古堡，位于密云区新城子镇遥桥峪村。因村庄倚雾灵山，临安达木河，“古时冬春之季架桥以渡，故桥不稳而称摇桥，后来取谐音‘遥桥峪’为村名”[1]。

遥桥峪村中有座古（谷）“城”。按照“城置三门、堡有一门”传统规制，此只设一南门，故称“遥桥谷堡”。令人不解的是，城堡门楣上写的“遥桥古堡”4个字，为今人所书。而门洞上另有一块旧石匾额则写“遥桥谷堡”。在写新额匾时，当地人特地对“谷”做了补正，理由是祖辈一直这样称呼，“古”才是对的，于是便重制额匾，盖住旧匾额，便于观看识别。是今人说“古”正确，还是古人说“谷”正确？如按照今人说“城堡”为历史所留下，“古”正确；若按照古人说“城堡”为当时所建，“谷”正确。我通过查阅志书求证，清乾隆年间的《钦定日下旧闻考》中述：“曹家路，东自小台儿砦，西至将军台砦，……，关砦二十二：……，遥桥谷砦……”原来，明初已经称为遥桥谷砦，这一带防御体系有22座城堡。“谷”就是山谷；而“砦”为寨，即在京东一带多称关寨，与城堡意思相近。而之后成书的《畿辅通志》有了变化：“在密云县……东北九十里遥桥峪堡……”清光绪《顺天府志》也记为“又十五里，至遥桥峪”。至此，已把“谷”写为“峪”，且把“寨”改称“堡”了。

此堡坐北朝南，东西长123米，南北宽102米，墙高7米，顶宽4米。边墙四角有垛口，墙体更为结实，建有四座角楼，用于观察作战。如今，角

[1] 政协密云区学习与文史委员会：《密云文史稿　传统村落专辑》（第38期），2017年。

楼虽已拆去，但今城堡四周城墙保存完好，应是密云域内最为完整的城堡。毋庸置疑，此堡为明代军事设施。

“遥桥谷堡”四周城墙保存完好。在此基础之上，今人在城堡门上又新建垛口，高低错落，复原成真正意义上的“古”堡，并立有一块石碑以说明“遥桥谷堡”其因，与城门旧匾额一致。背面写有碑文，题名《遥桥峪城古堡志》，为今人撰文，记述了修建遥桥峪古堡的经过与意义，碑立于1996年5月27日。据悉早年间城门上还曾建有城楼，城北另建有真武庙，现今两座建筑均无遗址显现。

2002年，村里开发旅游业，为了再现昔日景象，凸显村落完整风貌，对遥桥峪城堡再度修缮，重新修筑了城墙，城上马道铺砌灰砖。现如今，

密云遥桥峪村落速写（一）

人们能在城墙上走一圈，实属幸事。从高处俯看全堡，一座座院落整齐排列，院里种有蔬菜。另外，村里大部分民居都建设了新房，屋顶上放着太阳能热水器，街上安装了太阳能路灯，呈现一派新农村景象。村里有村巷，不少门前挂着住宿餐饮商店的牌子，如灵秀餐厅、雪莲商店；店名多数与城堡有关，如古堡商店、古堡餐厅、遥桥古堡饭庄；还可住宿，如古堡客栈，房间里有独立卫生间、电视、空调……设备一应俱全。2001年10月，遥桥峪城堡被北京市文物局列为文物保护单位，城门旁碑书“万里长城北京段遥桥峪城堡”。遥桥峪城堡历经数百年，至今保存完好，在北京市实属罕见。

密云遥桥峪村落速写（二）

密云遥桥峪古堡速写

20世纪七八十年代，为了控制安达木河上游流域，在遥桥峪村东北修建了堤坝，建成了遥桥峪水库，因东侧有雾灵山，此水库又称雾灵湖，是名副其实的山水风光区，更是宜人的水利风景区。良好的湖景引来大批垂钓者，特别是库中活鱼也成了村里老百姓招待游客的特色美食。

古堡向南一里多地是云岫谷自然风景区。谷分东沟和西沟。西沟10多里长，景色优美，有参天林木、奇峰、怪石、小溪、潭瀑。这里空气清新，可谓“天然氧吧”。谷里河水清澈，两岸成片红色山石，放眼望去青山峡谷格外显眼。这种水清石红的罕见地质现象，在全国也不多见，具有很高的地质科考价值。

众多游客白天游历自然风光，傍晚散步于村落城堡，感受古老文化的韵味。人们游于碧水奇石的云岫谷风景区，悠闲垂钓，尽享湖光山色。游览历史悠久的古堡，感受人文与自然融合的美景，这是大自然的馈赠，也是古代文明的凝结。

三 时代变迁，最美村落

（一）古村旧事，田庄村貌

在高岭镇田庄村还残存一座故城遗址，即厗奚县城。“厗奚，为距今2000多年前西汉所置的一个县。该遗址的发现与认定，是20世纪密云文物考察成果之一。”[1]

厗奚县源自北魏郦道元《水经注·鲍丘水》中的记载：“大榆河又东南出峡……又南迳（厗）奚县故城东。”文中所述明确了两个问题：一是厗奚县的设立早于北魏时期；二是大榆河是北魏之前河流的俗称，这也源于该著所述“鲍丘水出御夷北塞中，南流迳九庄岭东，俗谓之大榆河”。鲍丘水，为潮河的古称。而潮河之名又见于《北京地方志·水利志》所载：“潮河，因其‘时作响如潮’而称潮河。”潮河发源于河北省丰宁满族自治县草碾子沟南山下，经滦平县，自密云县古北口入境，在高岭镇辛庄村南

[1] 政协密云区学习与文史委员会：《密云文史稿 传统村落专辑》（第38期），2017年。

注入密云水库。故综上所述，大榆河为鲍丘水的俗称，而鲍丘水为潮河的古称，且位于“厗奚县故城东”。这表明此地是密云一处重要的古人类聚居地，即西汉时期厗奚县治所的遗址。

1988年我曾经考察过，田庄村为距今2000多年的古村落遗址，总面积达1万多平方米。文献记载，“地下发现许多锅台、灶坑、木炭和许多坛、罐之类的器物；地表有汉代碎绳纹砖和陶制器物碎片”[1]。结合史籍记载查证，此遗址正是西汉时的厗奚县故城，也称北提携城，此出处源自《汉书·地理志》，书中记载：“厗奚，渔阳郡辖县。”

我有幸实地考察发现，海拔700米的酒漏子山山脚下南田庄村，东临潮河，符合传统营造选址“依山傍水”理念，具体到厗奚县故城遗址而言，遗址以东、以南为开阔之地，北接高坡丘陵，西隔凹道，道西仍为高台，遗址居于高台之上，且高出路面，约有70000平方米，为南北长、东西宽地势。高台西坎下即为今田庄村出行的道路（凹道）。道路以西为北山之水流经的河道。河道西侧仍为高台之地，但不及“大道”东侧1/3面积，且西、南边缘均为山丘。另据《北京建置沿革史》（尹钧科主编）书中介绍，“汉代厗奚县城有建在古北村之说”。

根据《中国村鉴》（北京卷）记载，“田庄村以起始户姓氏得名”。中华人民共和国成立前，村中除有石、李两大姓氏外，还有王、陈、于三姓，全村所有姓氏中没有田姓。直至中华人民共和国成立后，田瑞来一家人迁至香水峪村落户，但与祖祖辈辈称呼过来的“田庄”之名仍没有任何关系。就连娶进来的媳妇也没有一位“田家”之女，至今如是。因姓氏得

[1] 政协密云区学习与文史委员会：《密云文史稿　传统村落专辑》（第38期），2017年。

名“田庄”，还见于清光绪七年（1881）《密云县志》的记载，在1914年《密云县志》的地图上居然还标有“田家庄”，进而更明确了村中“田家”的存在。据村里老人介绍，包括所有村中人的回答在内，都说村名确系因田姓而起。

提到田庄村，必要提到“黑龙潭”，二者已成为当地密不可分的话题。在田庄村北，自古就有个闻名遐迩的龙潭，相对“白龙潭”，此潭人称“黑龙潭”，也称“北龙潭”。值得一提的是“黑龙潭”之称由来已久。1914年《密云县志》图略中就明确绘有“黑龙潭”的地标。故有人称此为“密云正宗的‘黑龙潭’”[1]。

黑龙潭位于田庄村北3里处。黑龙潭景观绮丽，夏时呈现“三潭叠翠”的奇景。每年夏季雨水剧增，便顺势而下落到下一级石崖下，形成瀑布泻入第一潭；水溢潭而出继续下泻，再次形成瀑布注入第二潭；继而水又复注最低一潭，故形成“三潭叠翠”。其中二潭是人们关注的重点，因它以“黑龙栖息潭”传说而著称，人们便将其比作“神潭”。至今在潭的岩壁上仍存有明代人的刻字：字体大小约4平方厘米，竖行排列，字迹清楚。右上角有一长方形印章，内刻“明初”二字；刻文中有“山不在高有仙则灵，水不在深有龙则灵”的遗迹。旧时每年农历三月初三，都会借助“龙之开潭”，在这里举行庙会。

田庄村，既见“经”传（《水经注》），又有“志”说（《密云县志》），且尚存未解之谜，的确是个令人神往的地方。北有清雅幽静的自然景观“黑龙”之潭，东见屹立挺拔的千年“孤”松。尤其是建于1958年的田庄水库，如

[1] 政协密云区学习与文史委员会：《密云文史稿 传统村落专辑》（第38期），2017年。

同一颗明珠镶嵌在村后。还有那片世外桃源般的“之万农庄”，[1]给人们带来无穷的乐趣，也为田庄旅游业快速发展奠定了基础。

如今，随着新农村建设的不断发展，田庄村已经旧貌换新颜，硬化了街道，安装了照明路灯，垒砌了花墙，装点了花草；修建了健身娱乐场所；民宅改装了冲水卫生间，安装了饮用自来水。正所谓，惠民举措年年有，村民生活步步高。

（二）千年古村，羊山村落

密云区穆家峪镇羊山村，据《密云县地名志》记载“唐代成村”。晚清和民国时期，羊山村规模仅次于密云镇和石镇两个村镇。昔日的村庄东、南两面紧临潮河；村西为北京通往热河的古御道；北面塔山下曾有始建于唐代的圣德寺，原圣德寺前塔山下还有清末定慎郡王墓。

（1）圣德寺。又称羊山圣德寺，位于羊山村内。1914年《密云县志》记载：“圣德寺，在羊山庄。唐人建，元至正时重修。”另据清史学家冯其利的《定慎郡王·毓朗·定王府》文中提及的有“恭太王（即绵恩）墓地东下坎塔山山脚圣德寺”之说。

密云区为古渔阳郡渔阳县故地，有着悠久的历史，但到中华人民共和国成立前后，所留存下来的唐代及以前始建的庙宇为数不多，羊山圣德寺曾是一处。从2015年该村一个枯井中打捞出的石碑得知，此碑为圣德寺大

[1] 政协密云区学习与文史委员会：《密云文史稿 传统村落专辑》（第38期），2017年。

修后于乾隆四年（1739）八月所立，碑文记载：圣德寺是座古寺，寺内佛为木质像，因年代久远，殿宇多处倾圮毁坏。据文献记载，“圣德寺住持僧带领本寺僧人，用寺院积蓄，召集工匠、准备材料，故对圣德寺殿宇进行大修。并对寺内木佛像进行了金粉妆塑。此修始于己未年三月，竣工于当年六月中旬。特勒石以记于此。碑阳刻文之后落款有‘密云城守营都司纪录一次李超撰文’等字。石碑阴刻有捐者姓名（115人），末终落款为：‘……龙潭寺本公□和尚第三代住持戒台寺戒子比丘僧来印来仁来融，徒自广自文。’”[1]从落款中3位名寺住持前来祝贺，可见圣德寺在当时影响之大。

清道光二年（1822），圣德寺被圈入定恭亲王园寝中。后来圣德寺便成为清皇室家族的私家庙宇。因清皇族信奉关公，便把圣德寺前殿的弥陀、韦驮及四大天王塑像换成了关羽、关平和周仓塑像，但正殿和后殿依然是佛像。前殿变为关帝庙，后俗称“老爷庙”。1948年佛像被毁，1959年殿宇拆除改造为养老院。其旧址在今“优龙庄园”家属院。一座千年古刹虽已荡然无存，但无声的残碑证实其曾经存在。

（2）郡王墓。文献记载，“羊山村北，曾有座定恭亲王绵恩园寝，定王府人称为羊山宫，民间俗称为王爷坟。其始建于清嘉庆年（1796—1820），竣工于道光二年（1822）。总占地面积八百余亩（533360平方米）”[2]。

文献记载，绵恩，为定亲王永璜之次子、乾隆帝之孙。乾隆四十一年（1776），绵恩袭兄爵为定郡王，乾隆五十八年（1793）晋爵为定亲王。

[1] 政协密云区学习与文史委员会：《密云文史稿　传统村落专辑》（第38期），2017年。

[2] 同[1]。

道光二年（1822）六月，76岁的绵恩去世。晚秋，葬入园寝地宫。

从郡王墓陵区图可以看出，郡王墓陵区以寝宫为中心，以地宫金井至神道石拱桥为中轴线，从北至南有宝顶、享堂、宫门、碑楼、神道、单孔石拱桥。资料显示，“寝宫为整个园寝的中心建筑，院落整体为南长方、北半圆形，东西宽约36米，南北长约近100米。南宫墙自大门楼东西山墙居中而建，石墙灰面红涂料；东西宫墙及北面半圆宫墙均为虎皮墙，墙高近4米，厚60多厘米，顶宽近2米，青色小合瓦盖顶”[1]。

寝宫大门门楼三间，上为硬山大脊有螭吻，绿色琉璃瓦盖顶，下为三间三启式大门。大门口内外都是通宽石阶。门内二级月台上坐落着享堂。堂内上顶为蓝底金饰龙纹天花板，地面铺大块方砖。享堂之后为二进院的虎皮墙，墙正中有一大两小三个没有门楼的敞门，拾级进敞门上第三级月台。第三级月台地平面为南方北半圆，半圆的半径中心位置为一座正方形石砌高台，青砖台面，高台上横向居中、纵向偏北是高高隆起的渐变径圆柱形宝顶，宝顶最大直径有3米，顶高3米多，用多层青砖以白灰灌浆堆砌而成。宝顶之下就是定恭亲王绵恩的墓穴地宫。

1933年，地宫曾被军阀兵队盗掘。而园寝内1000余株古松和高规制古建筑毁于20世纪70年代初。如今，仅存空旷的地宫。近年来郡王墓被密云区人民政府公布为文物保护单位。

（3）羊山村传统民居。就羊山村整体村落民居建筑而言，其建筑风格、民宅材料都要好于区内其他村庄，这主要体现在以地主，即“千顷王”为代表的少数富庶人家，他们的住房均为砖石瓦房。

[1] 政协密云区学习与文史委员会：《密云文史稿 传统村落专辑》（第38期），2017年。

密云传统民居大门装饰

密云村落修复后的传统民居

如今，在羊山村内，还残留几处清代时期砖瓦房民居，其均为“千顷王”家族“五大堂”后裔人所居住。从其整体建造规模的考究，可以看出房屋的豪华程度及其所显现的形制气派。

在羊山村，具有“千顷土地”的富足人家占极少数，大多数贫困人家以窝棚、土房、草房遮风挡雨，甚至有的穷苦人家无房，只靠租、借别人家的房安身立命。

四

水岸风情，潮河村落

（一）不老山村，美轮美奂

史庄子村隶属不老屯镇，地处密云水库北侧，三棱山山脚下。据1990年的《密云县地名志》记载：“在20世纪60年代，史庄子村民在植树造林时曾挖出过旧石器，这说明在很早以前史庄子地区就有人类活动。”2014年，史庄子村被评为“北京最美的乡村”。

文献记载，明初，有一户邵姓人家到现今的史庄子村村西开荒种地，并在此落脚生根。随着人口的繁衍，村落规模越来越大，人们自然要给这个村落起名。按照中国文化传统，村名往往由早期的邵姓人家来定，即以邵姓命名为邵庄子村。在此之后，又有一户史姓人家迁到邵庄子村东不远处落脚生根，经过不断繁衍生息，人口增加，村落的名字被命名为史庄子村。之后又有郭、李、陈、张四姓人家相继到史庄子村定居。“因人口的增加，村落的扩大，史庄子便形成了一个较大的村落，与邵庄子连在了一起，所以后人就将两村合而为一，统称为史庄子。”[1]

据史庄子村老人说，自中华人民共和国成立后，村里就没有史姓人家居住了，他们有的迁到山外，有的闯江湖或是做生意去了。在村西头留有一处史家祖坟，土地平整时也被平掉了。因史姓祖先在村内有一定的威望和恩德，所以后人为了纪念他们将村名沿用至今。

2001年，我曾作为北京大学分校教师参与了北京大学承担的北京郊区乡镇规划（包括密云水库库北区移民规划），在北京大学地理系王恩涌教授带领下，深入密云水库库北区高岭、不老屯、史庄子等村落进行调研，特别是规划期间我曾住宿于库北区不老屯村，对这个地域的沟沟坎坎有了深厚感情。

历史上，史庄子村原是一片泥石流多发区。2008年底，勤劳智慧的史庄子人，邀请北京市规划设计师帮助其进行旧村改造规划，并提出了“宜居家园史庄子新村”的宏伟蓝图。新村规划设计的宗旨：与不老屯镇政府提出的打造“养生休闲旅游特色镇”相契合，以人文、典雅、生态、宜居为理念，以新农村建设为起点，依托得天独厚的生态旅游资源，建成具有地方特色的农家小别墅。2009年春，工程建设开工。史庄子村由此发生巨大变化。经过3年奋战，到2011年年底，在村内建起了148栋欧式别墅。有90%的村民乔迁新居。面对翻天覆地的新变化，村里老人感慨地说：“如今居住的房子，比过去强了好几倍，日子过得如芝麻开花节节高。”旧村改

[1] 政协密云区学习与文史委员会：《密云文史稿　传统村落专辑》（第38期），2017年。

造建设、各项基础设施建设、村庄环境建设的完成，把小山村装扮得似少女一样漂亮。走进春季的史庄子，只见“海棠风情大道”宽敞明亮。漂亮的新居，优美的村域环境，让史庄子人过上了和城里人一样的生活，更为史庄子村开办民俗旅游业打下了基础。

如今，密云区一些浅山区村落在原有基础上开始了新农村建设，诸如苇子峪村、史庄子村等。以史庄子村为例，昔日的老民居已不见了踪影，取而代之的是一排排漂亮的新民宅，都是清一色红顶小别墅。有的人家别出心裁，把别墅对面30平方米的储藏室也开发成了旅游住宿之所，大通铺上铺着牡丹红被面儿，大圆桌可以围坐10人，特别适合游客聚餐与聚会。每家门前有一把遮阳大伞，靠在藤编椅子上可以看到不远处的闪色岭，山上的油松茂密青翠；近处，黑色花篱边种着月季、大葱，还有各色海棠。村里人告诉我，油松林里有各种小动物，小松鼠见了人都不害怕，可以拿面包等食物喂它们。

村里宽阔明亮的海棠风情大街，整洁宽敞的文化广场，风格各异的健身器材，优美的村庄环境，让人目不暇接，古村旧貌换新颜，美轮美奂。

史庄子村不仅民居漂亮，村庄壮美，而且还有闪色岭、三棱山、笔架山、不老湖和生态林自然风光。登上三棱山山顶可观日出，可一览密云水库风光，可眺望西坨古长城，是游人休闲、度假、避暑、观光的好地方。许多外来的游客到史庄子村游玩儿时，呼吸着新鲜的空气，享受着大山里的寂静，住着中西合璧式别墅，身心放松，连连称赞说：“这里是北京的不老村，天然的大氧吧，既是生命的加油站，也是人体的修理厂，简直太美了。”

随着旅游业的不断发展，史庄子村成为著名的“民俗生态旅游示范村”。相继开张的民俗小院有红梅、日月鑫、香家园、宜居斋、翠柳阁、

密云史庄子新村落速写

清香园等。随着“北京最美的乡村”桂冠的摘取，史庄子的人气越来越旺。截至2016年底，史庄子民俗村客房达100间，可同时接纳200人住宿和就餐。

节假日期间，城里游客纷纷云集史庄子村，游客中不乏金发碧眼的外国游客。有的人来不老湖垂钓，有的人来逛新村，有的人来休闲度假，有的人来体验民俗风情，有的人来品味“不老养生宴”，有的人来写生，有的人来采风。温馨舒适的客房，优美的生态环境，浓浓的乡村情趣，丰盛的“不老养生宴”，愉快的假日旅行，让游客们获得了意想不到的收获，也给民俗接待户带来可观的收入。

如今的史庄子村，如一颗璀璨的明珠镶嵌在不老湖湖畔。

密云苇子峪村——新农村建设

（二）百年鼓韵，蔡家洼艺

2014年前后，我作为规划专家与北京一家规划团队为巨各庄镇蔡家洼村做旅游总体规划。规划调研期间，我跑遍了全村田间地头，蔡家洼村的乡土景观给我留下难忘记忆。

蔡家洼村位于密云城区东5千米，居民为汉、满两族，汉族居多。“村处驴子山北麓丘陵地，故唐代称北庄。地势由东南向西北倾斜，四面山丘环抱，有溪水穿村西北流，曾以蔬菜生产著名，故名菜佳洼，后因谐音演为蔡家洼。”[1]

[1] 《密云县地名志》编辑委员会：《北京市密云县地名志》，北京出版社，1992年。

如今，人们走进这片依山傍水的清新之地，会发现原有老旧平房已被新楼房替代，眼前是新村落、新楼房、新景象，村里核心地带矗立着一片崭新的村民住宅园区。“作为北京市首批旧村改造试点村和全国闻名的新农村建设典型，蔡家洼有5000亩都市型现代农业园区，有400亩现代观光工业园区，还有2000亩的玫瑰情园，可谓极尽现代、时尚。”[1]

擅长做豆腐的蔡家洼人还把豆腐做出了特色，人们在现代工业观光园里，不仅可以隔着玻璃参观整个豆腐生产线，还可以在豆腐大厅里进行互动体验，亲手完成豆腐制作的全部过程，豆浆、豆腐脑、鲜豆腐可即时品尝。这种新颖的休闲与旅游经济模式使传统古村落的蔡家洼人越来越富有，其独特的旅游理念，让人们记住了蔡家洼村的名字，也使蔡家洼村在发展中保存了自身文化与传承。

值得一提的是，蔡家洼古村落还留存着非物质文化遗产——五音大鼓。据说当初在蔡家洼新村一栋居民楼里，五音大鼓的5位老艺人围坐在一起，拉的拉、敲的敲、弹的弹、唱的唱，怡然自得，才使人们注意到五音大鼓。

文献记载，五音大鼓是清代道光年间产生于河北廊坊一带，后来在京津地区广泛流传的民间艺术曲种，至今已有200多年的历史。至于清末，五音大鼓产生两大分支：一支走进北京，成为供市民欣赏的舞台艺术，20世纪30年代中期发展成为单琴大鼓，中华人民共和国成立初期定名为北京琴书；另一支则继续在京津冀农村广为流传，也就是如今仅存于北京密云蔡家洼村的五音大鼓。

据村里人讲，每逢春节，或是在农闲时日里，就会有五音大鼓表演，

[1] 政协密云区学习与文史委员会：《密云文史稿　传统村落专辑》（第38期），2017年。

密云蔡家洼村落全景

密云蔡家洼村落花田与农田

密云蔡家洼村落室内花棚

听大鼓书成为乡村生活的大事。每年正月初一至十五，各村早早地搭好书棚（当时叫灯棚），艺人每天早上8点开唱，晚上11点收弦。唱三天四晚叫一棚，一棚通常说一部书，那些说不完的书目，移到下一个村下一个棚接着说。书目由各村指定，叫作写书牌。艺人的报酬以棚计，一棚通常三石小米。据村里老辈人回忆，在老辈人前去唱书的方圆60多里的乡村，通常要搭20多处“灯棚”，别人只唱单弦一种，蔡家洼村却能说唱五音大鼓，在当地很有名气。乡亲们喜爱五音大鼓的原因，除了独特的演唱风格外，还有丰富的说唱内容。他们当年带去的“折子”上，列有《呼家将》《五

密云蔡家洼村落室内花棚外景

密云蔡家洼村落未来发展方向

密云蔡家洼村五音大鼓

女兴唐传》《清朝响马传》等大小书名四五十种。“蔡家洼五音大鼓的传授没有曲谱、没有文字，全靠父传子、兄传弟，一代一代地靠耳濡目染、口传心授。”[1]

据当地人说，每当早春二月时，四邻八乡的村民对五音大鼓如醉如痴，偌大的天地间一方人性张扬的“天台”，唯有情动于地，声闻于天。那雅俗共赏的独特唱腔，声声饱溢着麦浪翻滚的香味，镶嵌着劳动之时北方汉子铿锵有力的吼声，洋溢着杨柳葳蕤葱茏的姿态，为村民平凡的日子涂上了一道亮丽的油彩。所以百姓亲切地称之为庄户戏、草台剧。人们陶

[1] 政协密云区学习与文史委员会：《密云文史稿 传统村落专辑》（第38期），2017年。

醉其中，乐此不疲。

五音一响，声声唱腔，传达乡土风情，表达百姓心声，和着民众的呼吸和心跳的节奏，自然而然地便成了寄托好恶、表达情感、社会交往的无形载体。只要村中搭台唱戏，百姓便会自发地邀请亲戚朋友前来听戏，全村顿时欢腾起来，那红火热闹的场面，可真是一场村社的狂欢、世俗的盛宴。那些熨帖人心，展现百姓情感交流与世俗风情、社会伦理的唱词，简直就是一方土地上儿女性情的延伸。听完一段大鼓书，可忘却一年中的酸甜苦辣，在一阵阵琴瑟和鸣中，对幸福的渴望慢慢升华。

如今，“蔡家洼那五位老艺人表演的五音大鼓，已经成了世上仅存的演唱组合完整、伴奏乐器齐全的‘正宗’表演。他们年事已高，其中最年长的齐殿章已经80岁，最小的李茂生也年过花甲，所以被称作民间曲艺活化石

密云蔡家洼村非物质文化遗产五音大鼓

和北方‘纳西古乐’的蔡家洼五音大鼓也曾面临失传的危机”[1]。2005年，蔡家洼五音大鼓被列为北京市级非物质文化遗产项目。为了把老祖宗的东西保留下来、传承下去，蔡家洼村近年专门腾出了一处房子作为五音大鼓的排练厅，供老艺人平常排练用。村里还拿出“非遗资金”，鼓励老艺人把五音大鼓技艺传承给年轻人。目前，已有几位村民正式拜在了老艺人的门下。

[1] 政协密云区学习与文史委员会：《密云文史稿　传统村落专辑》（第38期），2017年。

07 阅读密云，非遗传承

一

传承文脉，民俗风情

（一）九曲黄河，古老阵法

东田各庄村位于密云水库东南太师屯镇，是一个依山傍水的村庄。文献记载，东田各庄村大部分姓刘，就是这个隐藏在丘陵岸边的刘姓村庄里，却流传着鲜为人知的6个多世纪前的陕西、山西一代古老的移民文化“九曲黄河阵灯会”。

2017年，我作为水利部水利风景区考评专家组成员，曾经到陕西榆林市评审九曲黄河省级水利风景区。在榆林市九曲黄河水利风景区考评期间曾目睹体验了榆林“九曲黄河阵”。“转九曲”又称“转灯”，是黄河流域流传着的一种汉族民俗文化活动，也是陕北黄土高原的古老习俗。

“转九曲”十分神秘而红火。白天，人们用高粱秆或竹竿围成一座方城，按照一种奇妙的曲线有规则地连接起来。横竖19行，共有361盏灯，再加上进出门的4盏灯，共365盏灯。每天1盏灯，正好与一年的365天相吻合。每盏灯旁还可以插一面小旗，灯与灯之间的距离是两米左右，两人并肩可以通过。灯台是用小圆木做的，灯盏是用洋芋或萝卜剜制的，点的是植物油或动物油。另外，“九曲”门朝南，右进左出。外边粘贴“一轮明月千家乐，九曲黄河万盏灯”等对联。夜幕降临，365盏油灯同时点亮，锣鼓唢呐齐奏，秧歌队打头进入九曲连环阵。俗话说：“转九曲，消灾驱病，人活九十九。”每当我回忆起此情此景，往事历历在目：转九曲时，登高而

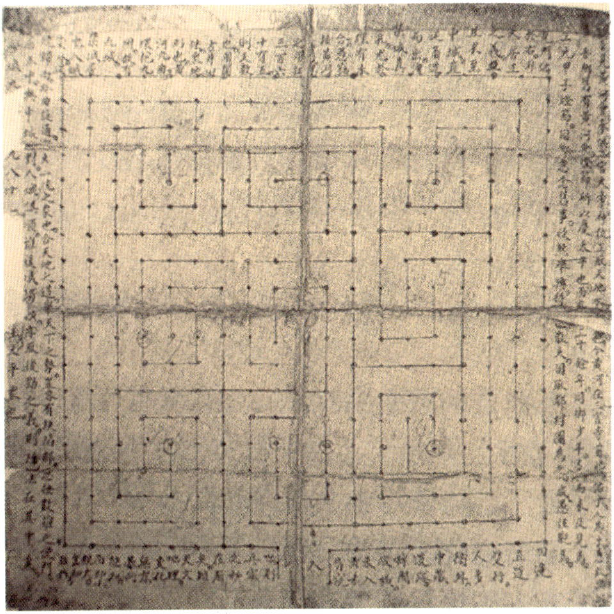

九曲黄河阵图纸［引自密云区政协学习与文史委员会编《密云文史稿　传统村落专辑》（第38期），叶盛东修改绘制］

九曲黄河阵转灯会布景现场

望，盏盏明灯，如颗颗明星，烟笼雾罩，歌声悦耳，鼓乐震山，令人心旷神怡。

密云的九曲黄河阵灯会与转九曲基本大同小异。文献记载，九曲黄河阵灯会是古老的“阵法”与民间花会的结合。顾名思义，就是取“黄河九曲十八弯”之意，以灯代兵，布阵游戏，是东田各庄村春节期间独有的群众娱乐活动。每年的农历正月十四、十五、十六这3天晚上燃灯，这3天也是东田各庄村最热闹的日子。入夜，皓月当空，彩灯齐明，鼓乐喧天，鞭炮声声，人流如潮，全村的20多档花会和四方赶来看热闹的乡亲蜂拥至九曲黄河阵前。

随着花会会首洪亮而高亢的一声“散灯”，表演正式开始，刚才还静

九曲黄河阵转灯会表演（一）

九曲黄河阵转灯会表演（二）

九曲黄河阵转灯会鼓乐队伍

悄悄的九曲黄河阵霎时间一片灯火通明，仿佛万千伏兵四起。首先由花会中三丈高的中幡队伍打头开始从右侧门入阵，在花会中有“幡是会的眼”之称，依次为头幡、二幡、三幡、四幡、手幡（即五幡），头幡最高，依次为等差排列，每个幡的高度比前一道幡少一尺，5面幡间隔依次进入。头幡走到中宫时（阵中央），其余的4道幡应该正好走到阵的四角，这样就好像阵中5个瞭望指挥的刁斗一样，其余4个刁斗拱卫中宫刁斗，中宫的头幡是整个黄河阵的指挥中心，在此宫的刁斗内，可纵览全局，指挥阵中千军万马。幡后面是狮子，代表冲入阵中勇猛作战的将士。狮子后面是札鼓，代表古代军中的战鼓，共20面，每个鼓20多千克重，鼓带斜挎鼓手肩头，边走边击鼓，鼓声隆隆，惊天动地。中幡队伍是整个花会队伍的头，人们跟着花会队伍走进阵中，边走边表演，从进到出，弯弯曲曲，转一次行程1.5千米，大约需要两个小时。

转九曲黄河阵也有许多古老的民间习俗。连续3天晚上的灯会如果风和日丽，就预示着一年风调雨顺，收成好。俗话说“转九曲，活到九十九”，人们从入口进入，顺利地通过连环阵，再从出口出去，这就意味着一年将消灾祛病，平平安安；如果不跟着队伍走，万一走错了，困在阵中或原路返回，则预示着一年不顺。因此，大家都跟着花会队伍走，在这里转九曲，男女老少皆宜，成百上千人前呼后拥，迂回于九曲黄河阵之中。

据史料记载，九曲黄河阵灯会自唐代就已兴起，流传于甘肃、陕西、山西等黄河沿岸地区。明洪武四年（1371）和洪武五年（1372），密云共移来山西移民35个屯，古老的黄河阵灯会也被移民带来。

关于九曲黄河阵灯会的起源，各地有着不同的解释。有的说它最早起源于祭祀道家鼻祖老子，九曲实质上就是道家阴阳太极图的变形，老子设

转九曲

“九曲阵”，后道徒以灯设九曲祭祖，逐渐演变成节日观灯习俗。

九曲黄河阵灯会在东田各庄村世代流传着，寄托了移民对山西家乡的思念。但随着时间流转，村中保存的阵图全未留存住，随着村中会摆阵的老人逐渐去世，九曲黄河阵灯会在东田各庄村消失了。

进入20世纪90年代，随着人们的生活逐渐好转，村中的一些老人提议，恢复九曲黄河阵灯会，但因为缺少阵图，恢复有难度，人们着急地寻找着阵图。文献记载，1995年村中的刘继华老人拿出了他保存了50多年的阵图。正是因为有刘继华老人的阵图，九曲黄河阵灯会才得以恢复。

根据村中所保留的九曲黄河阵图，以及资料记载，九曲黄河阵的具体摆法：首先选一个四五亩地的平地，然后把361把高粱秸秆栽排成横竖均为19行的方阵，每把高粱秸秆由4根长1.8米的单根高粱秸秆捆扎而成桩，按规定的距离和路线串栽在地上，桩与桩之间用3根秸秆相连，上面1根水平插入桩与桩之间的高粱秸秆缝隙中，然后捆结实，其余两根高粱秸秆交叉插入桩缝绑牢，高粱秸秆连接成九曲之形，依次形成9个首尾相连的阵势，入一门便进一小回形方阵；每一小方阵中间留两处岔道，小方阵内迂回曲折，连环缠绕，变幻多端，扑朔迷离。

其桩的上端插着直径12—15厘米的倒圆锥形灯托，灯托用独根高粱秸秆劈成4瓣，然后用高粱秸秆皮做成一个圆圈，将4瓣撑住绑牢，再用红绿两色纸裱糊成15厘米高的灯罩，内放草灰，把蜡烛插在灰上。阵形呈“凸”形，突出部分即是出入口，均衡排列着3把高粱秸秆桩，秸秆桩的总数为364根，有的在出入口处栽6根高粱秸秆桩，高粱秸秆桩的总数为367根，桩上一面小旗间隔一盏灯，拐角处的桩上必须是灯，这样横竖左右不管从什么角度看，灯都成行，灯的总数为184盏，旗子为183面，象征一年365天，小旗为红、黄、蓝、白、黑五色，象征金、木、水、火、土五行。据村里老人说，摆九曲黄河阵是技术活，阵中的道路要能够容纳花会队伍的表演和群众的观看，一般宽约两米，称之为“六尺香道”，最难的是落把（号桩坑），桩坑位置错了，阵就连不上或者成为死胡同，横竖看都不成行，使之不能成为首尾相连的一个整体。另外，灯托必须选用高粱秸秆最上面的部分，上面的部分秆长节少，韧性好，重量轻。还要把握“对角是灯”的原则。九曲黄河阵在东田各庄村600多年的演变过程中，村里对其进行了改革，最明显的是“灯”，原来阵中的灯是用个头均匀的红萝卜、绿萝卜切去上半部分，挖空心，做成灯碗，用棉花捻成灯捻，倒上麻油，现在改成用蜡烛。入夜，转九曲开始了，九曲阵中的100多个蜡烛同时点亮，灯群远近对称，纵横成行，中幡打头进入九曲连环阵，锣鼓唢呐齐奏。九曲阵内，灯光人影；九曲阵外，观者似海。绕完象征一年的365盏灯，踏遍象征中华九州的九九阵，经历了曲折、磨难，预示今后的道路畅通无阻和大福大贵、大吉大利。

2007年，九曲黄河阵灯会被列入北京市第二批市级非物质文化遗产名录中的“游戏、传统体育与竞技”类项目。2008年6月7日，九曲黄河阵灯俗被列入第二批国家级非物质文化遗产名录。

（二）天书石刻，忆番字牌

河北省滦平县西部的白马川河从深山峡谷之中源出，经北向南折东沿峡谷北山根流过，番字牌村就分布在白马川河两岸。村子周围高山峻岭，松柏滴翠，景色清幽。河的南岸为顺河修建的柏油公路。河与公路之间有一座东西狭长的小孤山，此山东西长不足30米，平均高度约5米。

小孤山到处是奇峰怪石，山上树木葱郁，松柏倒悬在悬崖缝中，就在离地30多米高的山腰上，有一处不同一般的山崖。山崖像是人工削成的石片，“天书”就刻在这些石片上。字依石片大小，有横排的，也有竖排的，虽历经人间沧桑，但有些字迹仍非常清晰。就是这座小山上的“天书”，让番字牌村名扬京华。

在小孤山向阳石面上，刻有33组文字，当地居民称之为“番字”，又因远看每组字好像一块块石质匾额，所以又称其为“番字牌”。33组文字，字刻有大有小，大的40多厘米，小的也有10多厘米，字体排列整齐，行距分明，虽然已年深日久，但字迹却异常清晰，有的酷似蒙文，有的状如满文，而且在字的上端和尾部还刻有类似标点的小符号。这些“番字”像一件件艺术品，很有欣赏价值。

密云番字牌村落速写

关于“番字天书”的由来，当地民间有多种说法。一是“咒语说”，为祝福过往行人平安的咒语；二是祷告词，为少数民族祈祷能打胜仗的祷告词，等等。1987年，“番字天书”之谜终于解开。经中国社会科学院民族文字研究所专家辨认和鉴定，石刻文字为梵文、蒙文、藏文3种文字。每组字的内容均为佛教的“六字真言”，即“唵（ōng）、嘛（mā）、呢（nī）、叭（bēi）、咪（mēi）、吽（hòng）”[1]。行数较多的是“六字真言”的重复刻写。“每组字尾部一行或几个小型字是落款或纪年。如‘阴

[1] 曹景洲：《北京古迹传闻》，北京燕山出版社，2004年。

火兔三年’，即元泰定帝三年（1326），还有‘军队造’‘孛马’等落款。”[1]1983年，曾在原番字牌乡卫生院东山坡上发现过一块高近2米的立石，壁上刻有一个大型字体，字高1米有余，宽约35厘米，远看像画，近看是若干字形拼成的大型组字。经辨认是梵文组合图，即佛教的“十相自在图”。

“番字天书”何时刻字，史籍未见记载，但北京地区藏文咒语却有史可查。元泰定二年（1325）在居庸关曾刻藏文咒语，《日下旧闻考》载，“泰定三年五月，遣都指挥使兀都蛮镌西番咒语于居庸关崖石”。文中“西番咒语”即藏文咒语，虽然当时所刻的藏文咒语如今已无从寻觅，然而却表明元时已经有刻藏文咒语于石上的举动了。居庸关是交通要隘，在此所刻咒语，多为祈祷神佛保佑，以求吉祥平安。由此推断，密云番字牌村出现三体文六字真言咒语石刻也不足为奇。

番字牌村出现的石刻与居庸关的石刻在地点上有相似之处，都出现在驻军的重要关口或交通咽喉之地。元帝“每夏都有赴上都（开平）之俗，时有两路，元帝多取道西路居庸关，而使臣往还则取道属大都路的古北口，史载‘车驾多出西路居庸，而使臣之往来，则古北口亦并繇之，岁以为常’。但这仅是史料记载的一般官路，而另一路则可从密云北行，经白马关堡出关塞，沿白马关河北上过番字牌抵丰宁，然后直赴开平。此路虽窄些，但在距离上较古北口路大为缩短，而番字牌村则为此路重要中途站”[2]。另外，关于番字牌村曾有元军驻扎之说，村北有传为“鞑子坟”的两座坟冢，可以为证，且题记中的“军队造”亦可为证。元兀良哈部就

[1] 政协密云区学习与文史委员会：《密云文史稿　传统村落专辑》（第38期），2017年。

[2] 同[1]。

密云番字牌石刻

密云番字牌石刻场地速写

曾长期活动在这一带。因此，在此要路崖石上刻六字真言以保佑旅途平安，驻地吉祥，这既符合元时大都之俗，亦符合当地信佛的蒙古军人等的需要。

这些石刻文字虽粗放、古朴，但却印证了北京地区民族迁徙融合的历史，它们是不同文化融合的产物。在这一方天地游走，这些古老的文字与今人相遇。而这些文字带给今人的虽是昔日异族的原始、神秘、野性，却凝铸了当今中华民族心灵的大融合。

当夕阳西下，这些古老的文字游离于白昼之外，静静地“伫立”在崖壁上，似与人间烟火远去，但又珍藏于人间与大自然之中，“天书”印证着古人的疾苦、风雨、抗争，诉说着历史的沧桑。

二

民族风情，多元文化

（一）北穆家峪，回族古村

密云区作为贯通南北的交通要道，自古以来就是一个多民族杂居地区，回族就是其中的一个。有关资料显示，密云“全区38个民族，除汉族外，少数民族人口数量回族仅次于满族、蒙古族。2010年，回族人口数量居第三位，为4551人，占县总人口的0.97%。除密云城外，居住相对集中、人口数量比例最高的为北穆家峪村，也是密云区唯一被区（县）人民政府命名的‘回族村’”[1]。

北穆家峪村位于密云城区东北12千米处，潮河九松山副坝前，为穆家峪镇所辖行政村。当年的清朝古御道遗址在北穆家峪村中仍清晰可见。据《中国村鉴》（北京卷）记载：“清代成村，初称穆家峪，后形成3个村（行政村），因位居北，故而得名。……大部分为回族，是密云区回族集居地之一。”1987年前，其同九松山为一个行政村，此后经批复单独建制。

“一个族群的发展，形同于树，由主干衍生分支，也必然形成带有‘影响’标志的‘门第’而立于世。就门第而言，该村穆氏一族就有‘北五门’‘南三门’之说。”[2]这种“影响”往往通过“奇闻逸事”来表现并传承，给后人以启迪、借鉴，成为后人成就事业、成就人生的积淀。

穆氏家族是该村最先到来，也是族人最多的一支。其先祖要追溯到明永乐初年，始祖穆重合（原籍浙江省钱塘县沙阳胡同）随燕王朱棣“扫北”，后定居天津。其十二世孙穆国报二兄弟于清乾隆三十六年（1771），在天津穆家庄因祸事被迫远离家乡来到密云，落脚于今南穆家峪村，在一户姓孟的财主家做佣工，以后租地自耕。由于穆氏兄弟奋发图强，辛勤劳作，没几年光景，就靠村北处建房、置地，娶妻生子，繁衍生息，逐渐家业兴旺起来，相传明清两代族内都曾出现过很有作为的人。穆氏一族自明代始祖迄今已传35代，其中28代编有族谱辈序。

穆氏自穆国报兄弟到此后，其中穆国报一支传至第三代生长子兴文、次子兴武、三子兴魁。兴文生第四代文林，兴武生文举，兴魁生文元、文

[1] 政协密云区学习与文史委员会：《密云文史稿　传统村落专辑》（第38期），2017年。

[2] 同[1]。

成。其中文林生五子、文举生三子，均为第五代，自第五代起便形成“北五门”“南三门”之说。“北五门”为文林所生五子，即长子成龙、次子成虎、三子成梁、四子成柱、五子成芳；“南三门”为文举、文元、文成。穆氏家族真正人丁兴旺有为、产业发达丰盛，起自“北五门”“南三门”之后，故穆氏被誉为“密云仅次于李氏家族”的回族。北穆家峪穆氏自定居密云后，已衍12代。

文献记载，旧时的北穆家峪村西建有一座通往村里的街道（俗称官道门）门楼，在门楼门楣之上，曾先后悬挂过两块朝廷所赐的“进士第”匾额，考取“进士”功名者为穆文林长子成龙、次子成虎，此为当年一大盛事。“进士第”匾额和牌楼没能经受住沧桑岁月的洗礼，最终荡然无存了。

历史上，在北穆家峪村曾经建有一座清真寺，寺内有两株松柏树，并已成为该村的标志物。清真寺兴衰史令人为之感叹，而松柏树的故事则使人称奇。文献记载，穆家峪清真寺始建于清嘉庆年间，为穆氏世祖穆朝玉经手所建，坐落于村东“龙爪山”。清真寺共有房21间，计大殿9间、南北讲堂6间、沐浴室3间、架子房3间。居高临下，树木葱郁，别具风格。不幸的是，清真寺毁于战火。现如今原遗址只存两棵松树，见证了清真寺兴毁的全过程。中华人民共和国成立后，村里回族群众利用补偿费在村西重建清真寺。1997年2月，经北京市伊斯兰教协会批准为“穆家峪清真寺”，依照章程开展聚礼等宗教活动，并通过民主程序设寺管理委员会。请阿訇1人执教，为穆斯林信众服务。

现如今，在村东礼拜寺山上，除栽植的两株迎宾松外，还自然生长着一株松树、一株柏树，相距50余米。松树生长在山的上半端，柏树生长在山底部的崖石缝间，有人将其称作“崖柏”。一上一下，构成了北穆家峪东山的奇特景观。

鉴于北穆家峪村地处密云古北口到石匣的必经之路的优势，加之回族自身有经商开店的传统，至20世纪50年代，北穆家峪虽村庄不大，但店铺众多，有德元店、全祥店、哈家店、久成店、全顺店、得恒店、牛车店等，迎来送往，繁荣一方。

近年来，穆家峪村升级传统产业，先后投入200余万元建设3000立方米的农田石坝护坡，增加节水灌溉系统，设置民族村牌楼，升级改造民俗户接待环境。投入资金补种果树，完成40亩葡萄园的栽种和套种，发展高效樱桃观光示范采摘园60亩和梨园20亩。同时修建科普长廊、售卖亭，实现村庄70%的绿化率，建成山场榛子园围栏，开辟了观光采摘区和民俗旅游停车场。

密云北穆家峪村果园

（二）民族风情，话檀营村

密云城东北1.5千米有满族、蒙古族两个民族聚居的檀营村，该村原是清王朝在密云地区设置的八旗兵驻防营。“檀营一名最早见于清代重修冶山辽塔时题的楹联：‘高插云汉文人笔，重领檀营武士冠’。”[1]文献记载，“八旗驻防营于乾隆三十四年（1769）开始建造，乾隆四十五年（1780）落成。从北京调来满蒙旗兵2000人，另有马甲人口7000（军营家属），旗兵驻防营截至辛亥革命，于民国三年（1914）裁去副督统职，停止军饷，变成普通老百姓”。[2]

《密云县副都统信侯德政碑》记载：“密云为京师东北，邑治，左瞰沧海，右枕居庸，南当怀（柔）顺（义），北依长城。”“密云古称檀州，清代又于此设置旗营，檀营因此而得名。”[3]

现如今，檀营村有满族、蒙古族、回族、汉族4个民族。檀营乡在北京市的5个民族乡中无论是人口还是面积都是最少、最小的一个，可是在北京乃至国内的影响却很大。檀营之所以有名，有3点原因：一是其悠久的历史；二是其重要的地理位置；三是其独特的民族风情。

1. 戍边防卫营建立

文献记载，清代时期，檀营村是京畿地区八旗兵驻防营，“该驻防营于乾隆四十二年（1777）始建，乾隆四十五年（1780）建成，至今已220多

[1] 杨金声：《北京市密云县檀营满族蒙古族自治乡》，《满学研究（第三辑）》，1996年。

[2] 郑云山：《密云风物史话》，北京旅游出版社，1989年。

[3] 同[1]。

年了”[1]。

檀营村在密云地理位置确实很重要，其距京城仅150里，北有长城，东有雾灵山，南部一马平川，自古以来是兵家必争的要塞。尤其是自清代康乾以来，承德成为皇帝避暑和从事各种政治活动的地方，密云便成了北京与承德之间的必经之处，地理位置就更加重要了。

而密云的重要性，早在康熙时期就受到了清帝的重视。康熙二十二年（1683），清廷在密云县东门外1里的地方建立了刘家庄行宫；康熙三十二年（1693），在密云县东北70里的瑶亭庄建了一处行宫；康熙四十一年（1702）在县署二门内建圣藻亭，亭内立有石碑，刻有康熙皇帝一首《驻密云诗》，诗云：“连年驻跸此城隈，云谷无尘金碧堆。斗室何妨宇宙志，晨昏常掖辇舆回。”

文献记载，乾隆登基后，极力效仿康熙，对密云县的战略地位更加重视。其作于乾隆六年（1741）的《密云道中望长城》诗云：“秦时关堞汉时山，总为天骄守御难。此日长城为苑囿，三秋巡狩数经还。”作于乾隆四十二年（1777）的《密云行》一诗对密云重要地位又做了进一步阐述：“京北重镇称密云，岩城埤堄新旧邻。控制三边列棨戟，胜国曾此屯万军。”正是基于此，乾隆对密云驻防营的驻地选择是经过仔细考察的。冶山后面森林成片，前面有沃野平川，辽代时曾在此山建寺，并建有精致佛塔。冶山的南面平原上，也有一塔，二塔相峙，十分壮观。冶山上的塔称北塔，山下的塔称南塔。由于山形兀立，所以北来之风到此分流而过，鲜有冰雹暴雨之灾，人们视冶山前这块小平原为一块宝地。为了求吉利，乾

[1] 政协密云区学习与文史委员会：《密云文史稿　传统村落专辑》（第38期），2017年。

隆帝批准在此建设檀营。

2. 防卫营布局与格局

檀营村作为防卫营房是根据地形选址，并在此营造的一处城镇式独立城堡。文献记载，“营城高2丈，周长4华里，为虎皮石城垣”[1]。在整体上“营房呈田字正方形，四方的城郭，十字形的街道。十字街通营房东西南北，营房东西南三面有门，北面因靠冶山而无门，故建一座关帝庙立在正北，庙内还建有一座高大的文昌阁俯瞰全营。营房的东北角建太阳宫，东南角建魁星楼，西北角建万寿宫，这些建筑均是檀营八旗兵聚会和祭祀的场所”[2]。整个营房除中间的十字街把全营平分为4个方块外，每个小方块也由1个小十字形胡同分开，16个佐领各司其所，整齐完整，4872间兵房排

密云冶山北塔与山下南塔速写

[1] 杨金声：《北京市密云县檀营满族蒙古族自治乡》，《满学研究（第三辑）》，1996年。

[2] 政协密云区学习与文史委员会：《密云文史稿 传统村落专辑》（第38期），2017年。

列有序。营房四周掘有护营沟，东西南3个门外均有一座石桥，因营房内街两旁也有明沟，所以全营共有5座石桥。南门外还有1座照壁挡住南门，从远处看檀营，非常严实。东门外有演武厅；西门外有绿营校场；“营外西北部设有火器营靶场；营内东南隅设有火药库、兵器库及马圈”[1]。

营房内八旗兵各旗均有自己的旗帜，分为红、黄、蓝、白4种颜色，旗上均绣有一条昂首吐珠、四爪平伸、身子呈“S”状的飞龙。正旗的营旗是方形，镶旗的旗帜呈五角形。正黄旗和正白旗的旗上绣蓝色飞龙，下衬白色勾边的蓝红二色如意云头和火焰图案。正红旗上的龙为黄色，正蓝旗上的龙为红色。镶旗的旗底图形、色彩与正旗完全相同，只是面积略小，外边镶边。镶黄、镶白、镶蓝三旗外面镶红色边，边上绣有白色火焰图案；镶红旗外面镶白边，边上绣有红色火焰图案。每到阅兵时，各旗均打出自己的旗帜列队，兵丁盔甲颜色与本旗相同。

3. 檀营官兵的设置

资料显示，“檀营最高官员为正二品副都统，享有封疆大吏职权。檀营虽驻军密云，但军、地二方各司其职，互不统领。副都统下辖协领4员、佐领16员、骁骑校16员、防御校16员、官员52名。檀营有兵2100名，均从京师八旗各佐领中抽调组成，其中蒙古八旗系铁岭科尔沁部骑旧部抽调”[2]。檀营除驻守密云外，还负责昌平、顺义、三河、玉田、古北口驻兵的管理和密云行宫的保卫工作。所有营房内的兵丁及其眷属均是在旗之人，其生活来源是旗兵的粮饷，俗称钱粮。“旗饷分银、米两种，饷以月计称月

[1] 杨金声：《北京市密云县檀营满族蒙古族自治乡》，《满学研究（第三辑）》，1996年。
[2] 政协密云区学习与文史委员会：《密云文史稿 传统村落专辑》（第38期），2017年。

饷，米以年计叫年米，根据兵种不同，饷银和饷米的数额也不一样。檀营建成的当年，朝廷自通县运仓拨米23000余石至密云龙庆仓，以便满足檀营八旗兵的需要。一般马甲兵每月饷银三两，米每季一石三斗，步兵甲兵是其一半。”[1]表面看来，旗人有钱饷和粮饷，受到了优厚的待遇，但实际上，却为此付出了惨重的代价。旗饷给八旗兵丁带来了严重的人身束缚，清代，八旗兵已经成为保护朝廷的职业军队，而且世代服役，不得离开营房，最终变成封建王朝的卫道士。

4. 檀营八旗驻军生活

文献记载，为了维系八旗兵，增加凝聚力，檀营每年有三大祭，祭关、祭孔、拜皇帝。其一，祭关，即祭关公。关公是武神，当时人们认为关公也是营房的保护神。每年旧历正月十五，副都统、协领、佐领、防御校、骁骑校均到营房正北、正中的关帝庙行三叩九拜大礼。六月二十四还要去祭关帝，八月再加祭一次。其二，祭孔，即祭孔子。每年上丁日副都统率全营官员上祭。孔子牌位也在正北，叫文昌阁。平日营房内设有满蒙文学堂教八旗子弟读书，有讲武堂教八旗子弟弓箭、善扑及武术。目前檀营尚有“布库图”，所绘形态生动，介绍各种摔跤技法。其三，拜皇帝，即拜皇帝的牌位。满族人以西为上，所以摆放皇帝牌位的万寿宫设在营房的西北角，每年除夕的十二点，副都统要率领全营官员向当今皇帝的牌位行三叩九拜大礼，然后才能回到家中依长幼次序叩头和祭祖。

[1] 政协密云区学习与文史委员会：《密云文史稿 传统村落专辑》（第38期），2017年。

5. 檀营村兴衰演变

资料显示，1912年，辛亥革命推翻了封建帝制。1914年，裁去檀营都统一职，从此旗兵粮饷不再按时发放，至1925年就完全没有了。檀营八旗从此彻底解体，原满族、蒙古族兵士四处谋生，历经军阀混战和后来的日寇侵占，民不聊生。随着密云驻防营的全体官兵及家眷政治地位的降低，因清代时驻防营是军队编制，并且不能从事其他行业谋生，所以旗民们没有别的谋生本领，钱粮断绝就彻底失去了生活来源。大量旗民不得不低价卖房，以筹措路费，投奔可以安身养家就业之所。留下的少数旗民，一时之间只有靠典当度日，或挑担拉车，或佣工放脚，还有一些沦为乞丐，甚至靠卖儿卖女维持生计。在生活遭遇空前困难之时，虽然留下的檀营满蒙旗民也有不甘颓废者，有人买了土地学习务农（中华人民共和国成立后土改时统计檀营村人均1.8亩土地），有人挑起八根绳筐每天早晨趸货沿街叫卖，继而开办小型工商作坊学习务工经商，如佟家开办金矿，广家经营粮店，关家、胡家经营餐饮，赵家经营粮食加工等，也有学习医道从医（关家），学习泥瓦匠、木匠（吴家）、架子工（于家）从事建筑，以及学习戏曲演艺者，但总体上难以抵挡整体破落的趋势。鼎盛时全民性的习武之风荡然无存，部分练武强体水平较高的人或外出投馆授徒或利用农闲时短期授徒。原有的城垣颓毁，房屋日渐破旧，村中随处可见一堆堆房屋拆毁留下的残砖碎瓦。人口迅速下降，从清末时2000余户近万人到1948年解放时只剩280余户不足1000人了（其中还包含西门外、南门外少数从外迁入的汉族户），其中40多户曾经卖儿卖女，20多户沦为乞丐，100多户鳏寡孤独无所依靠。[1]昔日整齐有序的营房早已破烂不堪，

[1] 政协密云区学习与文史委员会：《密云文史稿　传统村落专辑》（第38期），2017年。

有能力的人逃出营房谋生，无能力的人在营房内苦苦挣扎，朝不保夕。

6. 檀营村旧貌换新颜

中华人民共和国成立，檀营村开始了新的变迁。满族、蒙古族的群众成为和其他民族同样的社会公民，并分得了土地。1957年，在农业合作化过程中，檀营村人融入社会主义新时代的农业合作社和人民公社洪流。孩子们全都进入学校读书，旧社会遗留下来失去劳动能力的鳏、寡、孤、独都得到政府的安排和救济。20世纪60年代，著名作家老舍曾在这里体验生活，目睹了旗人翻天覆地的生活变化。

檀营在历史上是武术之乡、花会之乡，出过许多传奇性的武功高强的人物，其花会声名远播京北。清代，每年正月十五檀营有灯会，制灯之精巧远近闻名。每年灯节还要出花会，有太平鼓、八角鼓、十番吵子、耍坛

密云冶山“冶塔仙灯”速写

子、舞龙灯、少林武术等。

据《北京市密云县基层行政区划沿革》记载，1956年9月，成立“檀营乡”，划为县直属乡；1958年3月，檀营乡下辖5个农业合作社；1983年8月，成立“檀营满族蒙古族乡”，归属穆家峪区管辖，自1986年底改为县属乡至今。

2010年，村民由平房搬进楼房，由烧柴草、煤炭做饭取暖一次性整体转化到用燃气做饭、统一供暖，用上电扇、空调、电脑，开起自家汽车拉货载客。根据本村地域特点，村里大力发展旅游业，开发了冶仙塔旅游风景区，重现“冶塔仙灯”旧景，每天接待着慕名而来的游客登上冶山顶峰，饱览密云美丽山河。

08 地文历史，永续传承

一

厚重文脉，延续印记

（一）传统习俗，至今流传

至今，密云浅山区村落还保留有许多中国传统文化和习俗，这些中国传统文化和习俗曾在许多密云人的童年时代留下了美好记忆，但随着城市化进程的不断加快，特别是现代化的发展，一些传统文化正逐步消亡。

1. 热热闹闹过春节

每到春节，也是村落中最热闹的时候。人们勤奋劳作了12个月，到了两个年度衔接的时节，需要休养生息，放松身心。男女老少都要换上新衣服，吃上平素积攒的精米细面、肉食菜蔬。房屋打扫干净，墙壁粉刷一新，屋内贴上年画，门楹贴对联。特别是小孩子最盼望过年，换上新衣服，蹦蹦跳跳，热热闹闹。

旧历年一般从腊月二十三开始，各家各户纷纷准备年货。由腊月三十到正月初五为年节。即从腊月二十三始，农民把五谷杂粮碾成细面，开始蒸馍馍，做出各式各样的面馍，有年糕、发糕、枣糕、豆糕等，不同做法吃起来有不同的味道。人们杀猪、宰羊、磨豆腐，做出各式各样不同风味的菜肴，一直忙活到腊月二十九。所准备的食物要吃到正月初五。从大年三十晚到初五这几天不劳作，只休息，吃已做好的饭和菜。讲究的家庭，大年三十早饭都吃“饸饹”，即把面和好用饸饹床子轧出粉条似的细饸饹，意味着全家人和和气气、和睦相处、乐乐呵呵，取语言上“合乐合乐”的吉利。大年三十晚上，每家都要做大米或小米干饭，而且一定要做很多，晚上吃剩下的饭叫隔年饭，一直吃到正月初五。这叫上年的饭吃到来年，取“一年的饭吃不完，富富有余”的吉言。

通常在大年三十夜晚要守岁，不到零点以后不能睡觉。在守岁的夜里要吃糕点，睡觉前吃面条，叫长寿面。从晚饭后开始，燃放鞭炮，除旧岁，迎新春，欢度大年。点高灯称“吉星高照”，点门灯叫“门逢光亮”，屋的迎门处贴“抬头见喜”，取“喜”字之吉言。

过年不但要准备好吃的，还要准备穿的，更新家具，以及屋内的装饰品（年纸年画）。农民中有谚语：“男孩放鞭炮，女孩贴窗花，老头要新鞋新帽，老太太要穿新棉袄，姑娘媳妇要穿花布衣料。”过年是农民一年庆贺时间最长的节日。

欢欢喜喜过春节

正月初一早晨，家家户户都要吃饺子，一直到正月初五，每次捞饺子时要故意把饺子冲破几个，叫作“饺子挣了”，取“挣了”的吉言。

2. 团团圆圆度元宵节

元宵节又叫灯节，正月十五为元宵灯节。这天的早晨各家各户都要吃元宵、饺子，寓意全家人黏合团圆，心心相印，同心协力，勤劳持家。各家各户的厅门上悬挂各式各样的灯笼，互相媲美，互相比手艺技巧。人们晚上走街头，串小巷，观灯赏月。

（二）传统饮食，源远流长

在密云区，特别是山地、丘陵一带，因土地瘠薄，人们收入有限，村民种植大都以旱田为主，很少种小麦、稻谷，少有春小麦、旱稻谷。富人家有少量的白面，大米也是从外地进来的。大多数农户只有旧历年三十，晚上吃一顿白米饭（大米饭），正月初一早上一顿白面饺子。要想改善生活，就得粗粮细作，种一些小杂粮，诸如米黍、黏谷、红黏高粱、白黏高粱、黄豆、饭豆之类。这些小杂粮要经过许多道工序，才能加工成面粉和食物。用加工好的小杂粮面，做出各种各样的馍馍，成为乡里人过年节时的好食品。

我在密云浅山村落考察时接触到一些当地饮食文化，至今记忆犹新。以下选取几种具有代表性的密云饮食简单说说。

（1）蒸年糕。大黄米、小黄米（通常人们把米黍碾出的米叫大黄米，黏谷碾出的米叫小黄米），红黏高粱、白黏高粱，这几种米碾或磨成面粉，可以做出多种年糕。如渣糕，黏面加上面豆的豆渣，蒸熟了叫“渣糕”。其蒸熟之后，用刀切成块，吃时还可以蘸点儿白糖，如果适量地放入些小枣更好，吃到嘴里甜、沙，别有风味。

（2）驴打滚。也是一种年糕，用大黄米和小黄米面蒸成年糕坨，再把黄豆炒熟，碾成细豆面，在面案子上撒上黄豆面，用擀面杖把年糕擀成长条薄片，撒一层豆面，卷一层年糕片，卷成面卷子，最好边卷边吃，趁热吃更是香气喷鼻，别有风味，据说在腊月最讲究吃“驴打滚”。

（3）蒸发糕。小米面经过发酵，可以蒸出几种发糕。发面丝糕是将发起来的面和均掺上煮熟了的豆，适当地放入些小枣，摊在锅里的平底布上，把锅盖封闭严实，蒸熟蒸透，最后用刀切成块。切开后，糕内有许多麻渣眼，吃起来暄腾而有嚼劲。还有一种叫发面团，将面发好后，再掺上些干面和好，擀成皮，里面放上白菜或萝卜馅包起来蒸，也有的加豆泥馅。多种多样的米面馍馍，味道各有特点，是农村特有的美味佳肴。

驴打滚

蒸发糕

二
村落民俗，文化遗产

地处京师至内蒙古的重要地带，自古以来便是通商要道的密云地区，历史悠久绵长，文化底蕴深厚，各种形式的花会、庙会等都是当地村落民众开展的主要文化活动。我选取密云浅山区村落几种具有代表性的民俗文化，分别简单说说。这些民俗文化包括庙会、集市、花会表演等。

（一）庙会集市，花会表演

1. 庙会

文献记载，密云原较大庙会有县城农历三月二十六至三十举办的东岳庙庙会、五月初六至初十举办的城隍庙庙会、五月初十至十五举办的老爷庙庙会、九月二十六至三十举办的娘娘庙庙会，石匣正月初七至初九举办的城隍庙庙会、三月十八至二十举办的胤灵山庙会、十月初四至初七举办的太平庵庙会等。同时还有古北口正月的玉皇庙庙会、火神庙庙会，三月的天齐庙庙会，四月的娘娘庙庙会、药王庙庙会，五月的城隍庙庙会、瘟神庙庙会，六月的关帝庙庙会，九月的令公庙庙会等。另有三月初三举办的白龙潭庙会，四月举办的黍谷山庙会、五指山庙会、朝都庄庙会，五月举办的圣水头庙会、马庄子庙会等。

随着时代变迁，一些庙会改为物资交易会，有的庙会甚至停办。1984年高岭村恢复举办石匣十月庙会，1987年恢复举办农历三月初三白龙潭庙会。

2. 集市

文献记载，“明万历六年（1578）县城新城东门外设马市，逢三、六、九日开市……清时县城单日旧城南关集，双日新城南关集，石匣逢二、七日开集。民国年间，旧城单日集改为东西南3个街道轮流开集，即每月一、七、十三、十九、二十五日西街集，三、九、十五、二十一、二十七日东街集，五、十一、十七、二十三、二十九日南街集”[1]。通常新城仍为双日集，后每月逢七增1集。现如今许多村落还有集市，但逐渐演变成了商品农贸市场。

中华人民共和国成立后，一些村落的集市被保留了下来，但随着时间的推移，一些村落的集市逐渐关闭。20世纪80年代末，上甸子、十里堡、穆家峪、卸甲山、西田各庄、冯家峪、番字牌等村又开始恢复了集市，后又在太师屯、豆各庄、金山子、不老屯、黑龙潭等地建立了集贸市场。20世纪90年代，密云区集贸市场共有16个，其中除城关大牲畜市场为每月的一、三、六、九开集，高岭市场一、六开集外，其余市场天天开集。

3. 花会表演

花会是一种古老的传统民俗活动，又称“香会”，最初源于元代佛教的“行像大会”，是主要流行于北京等地区的，在春节等节日进行的各种游艺活动的统称。花会是一种多姿多彩、生活情趣浓厚的民间歌舞表演。花会歌舞的风格、表现手法通常因生活环境、风俗信仰、欣赏习惯的不同，产生了极为明显的区别和地域特色。

文献记载，元代在密云卸甲山、康各庄、尖岩、古北口河西、八家

[1] 密云县志编纂委员会：《密云县志》，北京出版社，1998年。

庄等地都出现了花会。清代，密云县城、康各庄、卸甲山、东邵渠、穆家峪、羊山、北庄等村花会水平较高，闻名全县。文献记载，相传，“八家庄花会于白龙潭走会，乾隆皇帝看后非常高兴，赐给半副銮驾。古北口花会也得到过乾隆皇帝赐给的‘杠箱’，慈禧太后又拨给‘胭粉钱’”[1]。因此，两地花会又以“皇会”著称。另外，民间花会分档进行表演，1档为一个演出单位。每村的花会最少有4档，多的可达18档。

（1）狮子会。一般由两头大狮子和一对小狮子进行表演。有的还有一壮士抛彩球引路，叫狮子滚绣球。大狮子由两人扮装，小狮子由一人扮装。表演时，一对铜锣开道，两个瓮筒仰天高吹，两头大狮子和一对小狮

舞狮

[1] 密云县志编纂委员会：《密云县志》，北京出版社，1998年。

子舞蹈、跳跃。文献记载，“民国年间，密云县城狮子会在丫髻山悬崖上表演‘狮子探海’，被称为京东一绝”[1]。

（2）舞龙会。至今，在密云区墙子路村还保留有舞龙表演，其龙以木棍做骨架，骨架上绷布，龙身画有鳞片。龙有10节，每节都安装1个木把。舞龙时，1人掌握1节，其龙上下翻滚，栩栩如生。有的龙头、龙尾、龙目、龙身内装有灯泡或蜡烛，夜间表演效果更佳。

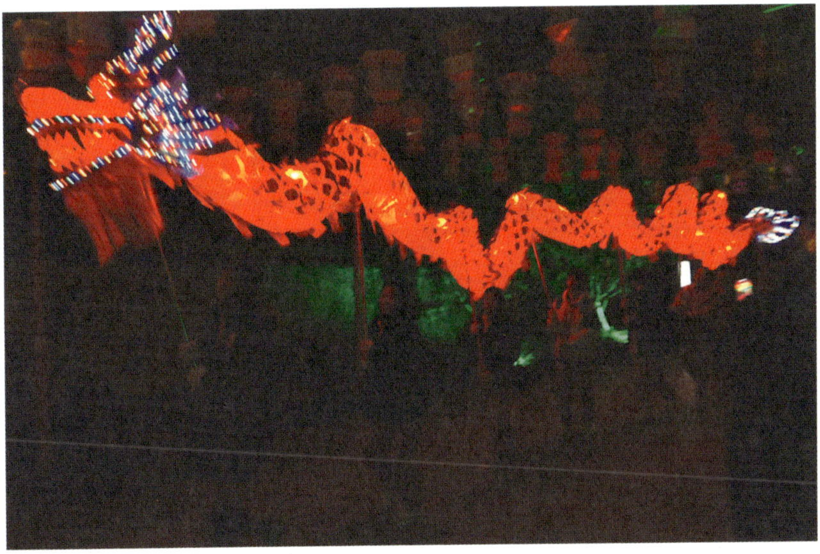

舞龙

（3）高跷会。西邵渠村仙家老会也称高跷会，共有14种队形变化，主要动作有蹲跷、单背、劈叉等。表演时边唱边打，服装多以古装为主，扮

[1] 密云县志编纂委员会：《密云县志》，北京出版社，1998年。

高跷（组图）

成蜘蛛精、渔翁、公子、醉鬼、少妇、少女、仙长、大道和尚等人物，还有的扮成神话故事《宝莲灯》《白蛇传》《西游记》中的人物。用檀香木制跷腿。古时跷高3尺，以后多为二尺半。密云的高跷会档很多，有的技巧高超，能在4里长的上山路上边上边扭，然后不停歇地打场表演，接着将一只跷抱在怀里，单跷跳下9磴台阶。

（二）传统武术，戏剧艺术

密云自古便是军事要地，特别在浅山区村落，受戍边守城影响，一些民众对武术十分热爱，自明代便形成了习武之风。

至今，在庄禾屯等村落还保留着传统武术项目，并且已经成为密云区级非物质文化遗产项目。如庄禾屯武术队的胸前开石、油锤掼顶，以及大刀、双刀、双戟等器械表演，深受当地村民好评。

另外，具有“武术之乡”美誉的蔡家洼村，早年一些武者落户于此，成立了少林会，带动村民练功习武，留存至今的有七星拳、黑虎拳、少林拳、六合枪、梅花枪、少林棍等武功套路。传统武术源远流长，虽经百年岁月洗礼，仍然被原汁原味地保留在蔡家洼村，并渐成武俗氛围，也最终成为非物质文化遗产。

密云地区流行的戏曲曲种较多，其中传入最早、传唱度最高的当数河北梆子。文献记载，河北梆子是中国梆子声腔的一个重要支脉，起源于清道光年间，清光绪初年进入兴盛时期。密云地区的河北梆子最早在光绪年间传入，最初流行于东田各庄一带。密云河北梆子艺术风格明朗刚劲，却又不失华丽婉约，在剧种方面不仅擅长表现历史题材，而且能很好地反映现实生活，广受当地民众的喜爱，传唱度非常广。中华人民共和国成立后，农村业余演出团体大多演唱河北梆子，其中石匣的新民剧团、朝都庄河北梆子剧团（亦称密云县河北梆子二团），不但在县内演出，还到县外售票演出。文献记载，1957年又建立密云河北梆子剧团，使河北梆子在密云县的影响进一步发展。

评剧是密云人民喜爱的又一剧种，尤其受密云县东南部山区人民的喜爱。著名西路评剧演员张秀峰（艺名小蜜蜂）就是密云县人。县内成立较早的业余评剧团有东邵渠村评剧团和羊山村业余评剧团等。1982年又建立县评剧队，在县内巡回演出。

密云大鼓书在密云兴起的时间较晚，产生于中华人民共和国成立前。鼓书演唱形式简单，有着极强的灵活性，且普及度较高，不管是平原村落

街头扇舞

还是山地村落，一年四季都有鼓书艺人演唱的身影，尤其是农闲时期，鼓书演唱达到高峰，这是戏曲和花会所不能及的。

鼓书的演唱形式一般为两三人搭档，高峰期可达到百余人，轮流伴奏逗唱。鼓书演唱的表演者，一般为一些有艺术造诣的农民艺人，少数为专业的演唱者。

文献记载，大鼓书在密云许多村落都有，主要曲种有乐亭大鼓、西河大鼓，后又增添了五音大鼓、京东大鼓和评书等。除评书外，均为说唱者同伴奏者合作表演。伴奏者弹拨三弦，坐而烘托故事，说唱者手持铁板击鼓站唱。

夏冬农闲季节，村里鼓书艺人流动于乡间场院、街头和空地说唱，遇有庙会也设棚说唱。说唱的主要书目有长篇《杨家将》《呼家将》《说唐》《说岳》《包公案》等历史故事，也有《游湖借伞》《双锁山》《抱娃娃》等传说故事。

三

人文村落，文化传承

（一）村落旅游，方兴日盛

近年来，密云区特别是浅山区村落许多村民认识到城市居民观光、休闲、度假等新的消费需求的重要性，充分利用自身区位、文化、生态，以及民俗等资源优势，大力发展多种形式的乡村旅游，形成了以“村落文化游、吃村落家饭、住村落家院、观村落自然景、享村落田园乐”为主要内容的村落与民居旅游，取得了较好成绩。

1. 村落文化景观游

密云域内人文景观有以龙泉寺为特点的寺庙，有以大公主府为代表的古建筑，有以番字牌为代表的石刻，还有被列为国家级文物保护单位的古北口明长城。

（1）龙泉寺。龙泉寺坐落于密云东北30千米的白龙潭自然风景区，现为北京市文物保护单位。白龙潭古称石盆谷，又叫龙潭沟，是密云区著名的风景区。潭侧巨石有康有为的摩崖刻石“飞圣境，则灵潭”。龙泉寺始

密云白龙潭自然风景区速写

密云龙泉寺速写

建年代待考，清与民国时均有重修。寺两进院，有山门、大佛殿、后殿及东西配殿。现如今，院内还残存有明代抗倭名将戚继光赋游龙潭的诗碑，清乾隆帝、嘉庆帝的御笔碑，李鸿章、袁世凯及宁氏地主修建龙潭的记事碑，以及6棵古树。

（2）大公主府。大公主府建于清乾隆二年（1737），初为王府，同治年间改为“荣寿固伦公主府”。原址在东城区中医院内，1985年迁建于密云县城郊野公园内，仍保存了原有建筑风格。

（3）番字牌石刻。番字牌石刻位于密云北部65千米的一座小孤山上，有20多组文字刻在小山的南面石壁上，为密云重点保护文物，具有文字研究价值。

（4）古北口长城。长城险隘古北口，其城筑于山顶，随山势升降，蜿蜒曲折，呈不规则的多角形，被喻为鸟巢。明唐顺之诗曰“诸城皆在山之坳，此城冠山如鸟巢。……到此令人思猛士，天山万里纵鸣骲”[1]。其关名“铁门关”，东有蟠龙山，西有卧虎山，山势险峻，崖壁陡立，两山紧锁潮河，中有一路只容1车通过，金代于关口修筑铁门，始称“铁门关”。古北口长城段建筑奇特，被誉为“奇妙的长城”，其中司马台段已经修整，被辟为游览考察区。

密云古北口长城钢笔淡彩

2. 村落农耕文化游

密云浅山区村落，如蔡家洼村，充分利用当地自然环境，开办特色民俗农家乐，为游人提供观光、采摘、休闲的度假场所，让游客从中体验

[1] 董耀会：《万里长城纵横谈》，人民教育出版社，2004年。

密云果园杏花盛开

密云果园李子花盛开

自摘、自食、自取的果农生活和田园风光。现如今，密云许多村落拥有着优质的农业资源，名优果品知名度高且历史悠久，果林观赏价值高，具有较高的旅游开发价值。密云有果园面积54万亩，其中板栗、苹果、桃、鸭梨、杏、李子是主要品种。石峨的御皇李子花、冯家峪的杏花、黄土坎的贡梨、不老屯的梨花已经成为密云重要的旅游观光农业资源。

密云大桃

近年来，乡村旅游促进当地村民增收成为密云区新农村建设的新亮点，随着乡村旅游业的蓬勃发展，密云区做大做强“农家乐”品牌，大力发展休闲养生、观光体验、民俗文化等特色生态农业与民俗旅游。现已成功取得“中国魅力名县”“中国文化之乡”“绿色生态城市”等荣誉称号。

密云蔡家洼室内农业大棚（组图）

密云北甸子村——民俗旅游村

3. 村落自然生态游

以石城村桃源仙谷推出的野营地（夏季探险、热气球，冬季攀冰）为例，其开设观光、赏景、登山、森林浴，有组织地开展探险拓展活动，让游客感悟大自然、回归大自然。村政府充分利用地理环境，开辟自然风景区，开展自然生态游，使游客实现返璞归真、回归大自然的愿望。

4. 村落度假休闲游

密云浅山区村落，如古北口村旅游发展，充分利用自有的长城文化、民俗风情、农家生活和乡村文化，兴建一批休闲、娱乐、餐饮设施及家庭宾馆为游客提供休憩、度假、餐饮等服务，从而带动了景区和村里旅游业的发展。

密云热气球旅游活动

特色旅游度假村

密云蟠龙山旅游客栈

作者参加遥桥峪农家乐旅游活动

5. 村落主题特色游

一日游“乡村风情赏花之旅”线路，登山，赏景，看景区春日万物复苏，杏花、桃花开满山坡；两日游“长城下的古镇，体验淳朴乡村之旅”线路，探古镇，体验参观永顺染坊、司马小烧酒坊、八旗会馆，住农家院，品尝地道的民俗美食和小吃，可以一路观赏沿途山花烂漫的春季美景，亲近青山野草，赏世外桃源春色。

（二）传统村落，保护发展

我在修改书稿之时，无意中看到2021年2月14日《人民日报》报道的

云南沧源佤族古村落民居速写

“沧源佤族自治县勐角民族乡翁丁村老寨发生严重火灾”，意识到守护好村落民居，传承好文化根脉越来越重要。

浅山区村落作为密云区宝贵的文化遗产，体现着当地的历史、文化和艺术，反映着村落与周边自然环境的和谐关系，是密云乡土文化精髓的重要组成部分。

云南沧源佤族翁丁村老寨速写

1. 保护传统风貌，延续历史文脉

密云浅山区村落作为一种乡土历史文脉，不仅孕育出形形色色的民俗风貌与乡土景观，而且为密云区历史文化保护与发展提供了重要的物质基础，是不可多得的重要文化遗产与主要载体之一。它们充分反映出地方生态文明和人文特色，代表着浅山区和谐宜居的人文环境，承载着浅山区的

历史文脉。

密云浅山区村落作为传统文化的载体，保持其原真性是对历史与后人负责。延续浅山区村落与民居特色，最重要的是保住村落肌理，因为这些肌理承载着重要的文化内涵，是传统风貌的重要组成部分。在保护与利用的过程中，要注重保留与沿用优秀的传统要素，就地取材，采用传统建造工艺，继承村落乡土元素。

2. 挖掘乡土民俗，活化传统村落

伴随着时代的发展，村落再利用也应该与时俱进，这样可以给传统民居带来新的生命力。利用各种现代技术对村落特别是新建民居进行科学规划设计，以满足当地人民日益增长的生活需要，是现代化改造的基本前提。村落人民追求现代化生活方式，主要是追求室内外居住环境的幸福感、舒适感及卫生感。因此在不破坏村落风貌的基础上，可以利用现代化手段优化村落内外及民居室内外环境，处理好保护与再利用的关系，活化传统民居。

现如今，在新农村建设中，做好村落的历史人文内涵挖掘工作，要重视挖掘浅山区村落乡土民俗要素，也要有活化要素的意识。在推进新农村建设过程中，村落积存着丰富的乡土民俗，沉淀了百年甚至千年的物质与非物质文化遗产，它们是活化传统村落的重要载体。

活化并充分利用好村落的乡土民俗，合理开发物质与非物质文化旅游项目，同时加强对村民的教育宣传工作，利用广播、宣传画报、电视、网络媒体等让村民了解村落的历史文化价值，提高保护意识，从而将新农村建设与村落保护结合起来。

3. 落实顶层规划，动态保护更新

在密云浅山区村落与民居保护过程中，顶层规划是第一步。应当明确

传统村落与民居特色，制定具有前瞻性的保护更新原则，同时根据实际情况动态更新。另外，保护与更新要以人为本、因地制宜，重视村民的基本诉求和利益，注重质量，不能盲目追求“样子工程、美化工程”，要制订切实有效的保护更新计划。当然，村落与民居保护更新离不开村落经济发展。因此，顶层规划也要注意结合产业发展，促进产业兴村，增加村民收入。

村落建设不是简单地将老房子拆掉，建新房子。整个新农村建设的顶层规划，是把保护优秀的乡土村落与民居等物质与非物质文化遗产作为村落发展的重要内容。政府管理和规划部门应当深化对新农村建设理念的认识，而不是停留在表面的认识上，在展开新农村建设规划中，要将动态保护更新管理纳入整个规划体系中，注重新旧村落的布局规划，使村民的新住宅和古民居相得益彰，而不是错乱无序。

密云浅山区村落资源丰富、品位高，在当前新农村建设及全域旅游经济发展的背景下，如何有效保护和科学利用这些村落，是十分重要的。受篇幅限制，我只能对密云浅山区村落进行简单回顾，不能展开说明，希望有机会对其进行深入系统的研究，包括用摄影方式多记录一些村落资料。

希望在新农村规划建设中，本着尊重历史、传承文化、可持续发展的思想，密云浅山区能够按照国家有关村落与民居保护要求，做好科学合理

密云新景象速写

规划，从而真正实现新农村建设与村落保护协调发展。我们有义务承担起保护和利用好浅山区村落的历史文化遗产的责任，让保护与利用并重，历史与现实和谐共生，造福子孙后代。

参考文献

一、参考著作

[1] [清]王士祯撰：《居易录》，清代康熙四十年刊本。

[2] [清]高晋等纂：《南巡盛典》，清代乾隆三十六年刊本。

[3] [清]昆冈等纂：《大清会典事例》，清代光绪二十五年刊本。

[4] 刘敦桢著：《中国住宅概说》，北京：建筑工程出版社，1957年。

[5] 刘致平著：《中国建筑类型及结构》，北京：建筑工程出版社，1957年。

[6] 梁思永著：《梁思永考古论文集》，北京：科学出版社，1959年。

[7] 贾兰坡著：《中国大陆上的远古居民》，天津：天津人民出版社，1978年。

[8] 侯仁之、金涛著：《北京史话》，上海：上海人民出版社，1980年。

[9] [清]于敏中等编撰：《日下旧闻考》，北京：北京古籍出版社，1981年。

[10] [明]计成著，陈植注释：《园冶注释》，北京：中国建筑工业出版社，1981年。

[11] 《地理学词典》编辑委员会编著：《地理学词典》，上海：上海辞书出版社，1983年。

[12] [日]芦原义信著，尹培桐译：《外部空间设计》，北京：中国建筑工业出版社，1985年。

[13] 贺业钜著：《考工记营国制度研究》，北京：中国建筑工业出版社，1985年。

[14] 费孝通著：《乡土中国》，北京：生活·读书·新知三联书店，1985年。

[15] 荆其敏编著：《中国传统民居百题》，天津：天津科学技术出版社，1985年。

[16] 费孝通著：《江村经济》，南京：江苏人民出版社，1986年。

[17] 中国建筑史编写组著：《中国建筑史（第二版）》，北京：中国建筑工业出版社，1986年。

[18] 王玲著：《北京与周围城市关系史》，北京：北京燕山出版社，1988年。

[19] 侯仁之著：《北京历史地图集》，北京：北京出版社，1988年。

[20] 郑云山著：《密云风物史话》，北京：北京旅游出版社，1989年。

[21] 金其铭编著：《中国农村聚落地理》，南京：江苏科学技术出版社，1989年。

[22] 刘致平著：《中国居住建筑简史——城市、住宅、园林》，北京：中国建筑工业出版社，1990年。

[23] [美]阿摩斯·拉普卜特著：《建成环境的意义——非言语表达方法》，北京：中国建筑工业出版社，1992年。

[24] 彭一刚著：《传统村镇聚落景观分析》，北京：中国建筑工业出版社，1994年。

[25] 赵兴华编著：《北京园林史话》，北京：中国林业出版社，1994年。

[26] [汉]司马迁著：《史记（简体字本）》，郑州：中州古籍出版社，1994年。

[27] 曹子西著：《北京通史》，北京：中国书店出版社，1994年。

[28] 韩光辉著：《北京历史人口地理》，北京：北京大学出版社，1996年。

[29] 贺业钜著：《中国古代城市规划史》，北京：中国建筑工业出版社，1996年。

[30] 刘沛林著：《古村落：和谐的人聚空间》，上海：上海三联书店，1997年。

[31] [瑞士]荣格著，冯川、苏克译：《荣格文集：让我们重返精神的家园》，北京：改革出版社，1997年。

[32] 吴建雍、王岗等著：《北京城市生活史》，北京：开明出版社，1997年。

[33] 王其亨等著：《风水理论研究》，天津：天津大学出版社，1998年。

[34] 于德源著：《北京农业经济史》，北京：京华出版社，1998年。

[35] 阮仪三著：《江南古镇》，上海：上海画报出版社，1998年。

[36] 密云县志编纂委员会编著：《密云县志》，北京：北京出版社，1998年。

[37] 业祖润著：《北京古山村——川底下》，北京：中国建筑工业出版社，1999年。

[38] 王景慧、阮仪三、王林编著：《历史文化名城保护理论与规划》，上海：同济大学出版社，1999年。

[39] 密云县文化委员会、密云县旅游局编：《密云风景名胜》，2004年。

[40] 汤用彬等编著：《旧都文物略》，北京：北京古籍出版社，2000年。

[41] 吴良镛著：《人居环境科学导论》，北京：中国建筑工业出版社，2001年。

[42] 尹钧科著：《北京郊区村落发展史》，北京：北京大学出版社，2001年。

[43] 余英著：《中国东南系建筑区系类型研究》，北京：中国建筑工业出版社，2001年。

[44] [美]凯文·林奇著，方溢萍、何晓军译：《城市的意象》，北京：华夏出版社，2001年。

[45] 李秋香著：《中国村居》，天津：百花文艺出版社，2002年。

[46] 段进、季松等著：《城镇空间解析：太空流域古镇空间结构与形态》，南京：东南大学出版社，2002年。

[47] [日]藤井明著，宁晶译：《聚落探访》，北京：中国建筑工业出版社，2003年。

[48] 杨宽著：《中国古代都城制度史研究》，上海：上海人民出版社，2003年。

[49] 张驭寰著：《中国城池史》，天津：百花文艺出版社，2003年。

[50] 董建泓主编：《中国城市建设史》，北京：中国建筑工业出版社，2004年。

[51] 刘敦桢著：《中国住宅概论》，天津：百花文艺出版社，2004年。

[52] 单德启著：《从传统民居到地区建筑》，北京：中国建材工业出版社，2004年。

[53] [丹麦]扬·盖尔著，何人可译：《交往与空间》，北京：中国建筑工业出版，2002年。

[54] 曹景洲编著：《北京古迹传闻》，北京：北京燕山出版社，2004年。

[55] [法]莫里斯·哈布瓦赫著，毕然、郭金华译：《论集体记忆》，上海：上海人民出版社，2002年。

[56] 郭谦著：《湘赣民系民居建筑与文化研究》，北京：中国建筑工业出版社，2005年。

[57] 汪丽君著：《建筑类型学》，天津：天津大学出版社，2005年。

[58] 费孝通著：《乡土中国》，北京：北京出版社，2005年。

[59] 段进等著：《空间研究1：世界文化遗产西递古村落空间解析》，南京：东南大学出版社，2006年。

[60] [意]罗西著，黄士钧译：《城市建筑学》，北京：中国建筑工业出版社，2006年。

[61] [加]简·雅各布斯著，金衡山译：《美国大城市的死与生》，南京：译林出版社，2006年。

[62] [美]迈克尔·索斯沃斯、伊万·本–约瑟夫著，李凌红译：《街道与城镇的形成》，北京：中国建筑工业出版社，2006年。

[63] 孙克勤、宋官雅等著：《探访京西古村落》，北京：中国画报出版社，2006年。

[64] 覃彩銮等著：《壮侗民族建筑文化》，南宁：广西民族出版社，2006年。

[65] 赵新良著：《诗意栖居——中国传统民居的文化解读》（第一卷），北京：中国建筑工业出版社，2007年。

[66] [美]阿摩斯·拉普卜特著：《宅形与文化》，北京：中国建筑工业出版社，2007年。

[67] 荆其敏、张丽安著：《中国传统民居》，北京：中国电力出版社，2007年。

[68] 吴建雍、于德源、富丽等著：《北京城市发展史》，北京：北京燕山出版社，2008年。

[69] 张松著：《历史城市保护学导论（第二版）》，上海：同济大学出版社，2008年。

[70] 尹钧科、王岗著：《北京建置沿革史》，北京：人民出版社，2008年。

[71] 王昀著：《传统聚落结构中的空间概念》，北京：中国建筑工业出版社，2008年。

[72] 李先逵著：《四川民居》，北京：中国建筑工业出版社，2009年。

[73] 业祖润著：《北京民居》，北京：中国建筑工业出版社，2009年。

[74] 王绚著：《传统堡寨聚落研究——兼以秦晋地区为例》，南京：东南大学出版社，2009年。

[75] 段柄仁主编，孙连庆编著：《北京地方志·古镇图志丛书·张家湾》，北京：北京出版社，2010年。

[76] 阮仪三著：《阮仪三与江南水乡古镇》，上海：上海人民美术出版社，2010年。

[77] 段柄仁主编，李东明编著：《北京地方志·古镇图志丛书·古北口》，北京：北京出版社，2010年。

[78] 阮仪三、李湞、林林著：《江南古镇：历史建筑与历史环境的保护》，上海：上海人民美术出版社，2010年。

[79] 何重义编著：《古村探源——中国聚落文化与环境艺术》，北京：中

国建筑工业出版社，2011年。

[80] [美]丹尼尔·哈里森·葛学溥著，周大鸣译：《华南的乡村生活：广东凤凰村的家族主义社会学研究》，北京：知识产权出版社，2012年。

[81] 政协密云区学习与文史委员会编：《密云文史稿　传统村落专辑》（第38期），2017年。

[82]《北京市山区协调发展总体规划（2006—2020年）》。

[83]《北京市浅山区保护规划（2017年—2035年）》。

二、参考论文

[1] 杨金声：《北京市密云县檀营满族蒙古族自治乡》，《满学研究（第三辑）》，1996年。

[2] 郑亚民：《立足当地资源发展观光农业——密云县观光农业开发思路》，《农村经济与管理》，1998年第4期。

[3] 高甲荣等：《北京市密云县农业生态经济分区》，《生态经济》，1999年第1期。

[4] 王灿炽：《北京密云驿站考》，《北京社会科学》，2002年第2期。

[5] 刘倩颖：《自然条件对村落形态和布局的影响》，《现代园林》，2004年4月。

[6] 戴俭：《密云县古北口历史文化保护区保护规划》，《世界建筑导报》，2005年5月。

[7] 陈喆等：《北京地区长城沿线堡寨村落形态特征与保护策略初探》，《第十五届中国民居学术研讨会》，2007年。

[8] 刘沛林、刘春腊：《北京山区沟域经济典型模式及其对山区古村落保护的启示》，《经济地理》，2010年第12期。

[9] 宋波等：《北京农村地区合院式传统民居院落布局模拟分析》，《建筑节能》，2014年第9期。

[10] 薛林平等：《北京密云县古北口历史文化名镇研究》，《北京规划建设》，2014年第4期。

[11] 张大玉、甘振坤：《北京地区传统村落风貌特征概述》，《古建园林技术》，2018年第3期。

[12] 张艺功等：《北京生态农业发展现状及对策——以密云区为例》，《农业展望》，2019年第6期。

[13] 李春青等：《北京密云区吉家营村戍边堡寨聚落特色研究》，《中国名城》，2019年第4期。

三、参考资料

[1] 北京市密云区人民政府官网，http://www.bjmy.gov.cn/index.html。

[2] 密云县档案局（馆）相关资料。

[3] 古北水镇官网，http://www.wtown.com/pc/。

[4] 《2017年12月中华人民共和国县以上行政区划代码》，中国民政部网站，https://www.mca.gov.cn/article/sj/xzqh/1980/201803/201803131454.html。

[5] 《生态环境部命名第三批84个国家生态文明建设示范市县》，央广网，https://baijiahao.baidu.com/s?id=1650179351533426673&wfr=spider&for=pc。

[6] 《全国爱卫会关于命名国家卫生城市（区）的决定》，中华人民共和国国家卫生健康委员会，http://www.nhc.gov.cn/jkj/s5899/201803/effdb84fb1e44c1093fcc650ec893ce6.shtml。

后　记

密云区浅山村落，特别是古村落，其文化绵延数千年，有其独特的传统文化价值体系。这些传统文化已经成为中华民族的基因，植根于中国人内心，潜移默化地影响着中国人的思想方式和行为方式。

文化兴则国运兴，文化强则民族强。文化自信是一个国家、一个民族发展中最基本、最重要、最永恒持久的力量。没有高度的文化自信，就没有文化的繁荣兴盛，就没有中华民族的伟大复兴。本书主要介绍了密云浅山区村落及民居等传统文化，还列举了与村落文化相关的多种文化相互融合的发展过程，展示了浅山区村落文脉的色彩斑斓。

希望通过本书您能走进村落、了解村落、热爱村落，不断增强文化自信。让我们共同保护好、传承好、利用好村落与民居文化遗产，在全社会营造保护村落文化遗产的良好氛围，推动中华优秀传统文化创造性转化、创新性发展，共同讲好村落与民居故事，传播好村落文化，共筑村落文脉之梦。

当我在撰写密云区浅山村落与民居文化发展历程，回顾传统村落文化中崇尚和追求“虽由人作，宛自天开”的村落建造思想时，我感悟到村落始终都在追求和表现一种超越俗套的“自然美”，并且为之不懈努力着，以达到心灵的平和。这也从一个侧面反映出中国人自古而来的“天人合一”的营造村落基本思想。

我认为，这正是我们所需要的。

这是一场延续了几千年的人与自然的和谐。在和谐中，人们不断地完善着自己，并使自己融于环境。

正像一位伟人说的：“凡为人所创造，必为人所创新。”

这就是村落文化的启示。

密云区浅山村落不论过去还是现在，都有其鲜明的民族特色，都有其永不褪色的文化价值。这些文化，既随着时间推移和时代变迁不断与时俱进，又有其自身的连续性和稳定性。村落与民居最根本的就是家园情怀，是中国人的独特精神世界，以及传统文化的价值观。现如今，我们提倡的社会主义核心价值观，就充分体现了对中华优秀传统文化的继承和升华。

密云区浅山村落内的文化氛围不仅是本书呈现的传统村落文化，它还包括村落与民居本身和周围许多文化要素，诸如军事文化、宗教文化、建筑文化、水文化、民俗文化等，可谓应有尽有。我撰写本书的目的，就是想提醒人们，处理好村落保护与建设的关系，使村落与民居持续发展，更好地适应时代的要求，是密云浅山区村落与民居保护与利用的关键。在尊重历史的前提下，保护与利用要遵循因地制宜、乡土化、原汁原味的原则，具有科学性和针对性。

另外，在本书的写作过程中，我结识了相关领域专家、学者，彼此成了很好的朋友，若没有他们的支持，我的诸多研究工作不会完成得如此顺利。在本书完成的时候，我谨借此机会向这些朋友表示诚挚的敬意，并在此一并感谢。

衷心感谢北京出版集团与北京联合大学应用文理学院的资助，感谢北京联合大学本课题组张宝秀、张景秋等领导，以及协调人范晓薇、张春艳、张翎等所有老师对本书写作、出版给予的巨大帮助与支持。同时感谢北京出版集团（北京美术摄影出版社）的编辑给予的帮助。

衷心感谢父亲叶茂煦教授、母亲毛淑廉女士在我写作期间给予的巨大关爱和帮助，同时父亲叶茂煦教授还为本书题写了书名。

由于我编写水平的局限，错误和遗漏在所难免，敬请读者见谅，并批评指正。